U0731212

智能媒体传播系列丛书

智能传播驱动下的超大城市治理界面研究

刘　峰◎著

復旦大學出版社

总　序

近年来，以ChatGPT为代表的通用人工智能应用快速发展，与已有的人工智能、大数据、物联网、区块链等技术彼此依存、协同，推动边界消融、组织重塑、轨道重换，新的时空秩序正在重建，一个新的数字文明时代正在来临。传媒是最早应用人工智能技术的领域之一，传媒业务中的事实核查、信息采集、生产和算法分发等环节大量采用人工智能技术，推动媒体向人机合一、自我进化的方向发展。以人工智能技术为基石、以人机协作为特征、以提升信息生产和传播效率为核心的智能传播生态，成为未来媒体运行的核心引擎。在更广泛的社会领域，智能媒体与信息社会各行各业产生互动融合，大数据、云计算、物联网、人工智能等新技术应用相互关联、融合互动，逐渐形成强大的媒介社会生态，智能媒体以一定的社会角色介入社会与人的生活，人与人、人与物之间形成更紧密的关系。

人工智能带来的不仅是技术的创新，同时也为社会关系演变、文化发展以及传播格局变革带来新的动力，促进传播权力、社会关系和社会资源的再分配。作为一种传播现象，人工智能带来传播权力的转移和下沉。数据的全面崛起蕴含着巨大的传播能量，不断催生出新的信息生产方式与交换方式，以及新的社交场景和社交方式。传媒行业的价值逻辑得到重构，由场景中心转变为以价值构造为中心，内在价值不断被“白箱化”，价值主体不断多元化。传媒的行业边界不断消融，媒体的角色由内容生产者转变为公共数据的运营者以及信息生产的引导者、组织者和协调者，通过大数据驱动和信息精准匹配，参与社会不同行业和领域的生产，拓展了社会资源配置的方式，形成开放、共享的信息传播新模式。

与此同时，随着信息传播不断向复杂网络演化，传播生态越来越丰富，信息传播的现代性张力越来越强，各种矛盾也日益凸显。首先，它表现为信息的扩展与收缩之间的冲突。面对传播的无限“扩张”和信息泛滥，算法技术也在推动垂直领域不断发展，专业分工不断精细化，传播精准度不断提升，信息传播呈现“收缩”态势。其次，它表现为信息的供需矛盾。信息分发机制尚做不到高匹配度的精准分发，由此产生信息冗余和供需错位，用户面对海量的信息容易产生选择焦虑。再次，它表现为人机矛盾。智能时代“人—人”传播向“人-机-人”传播演变，新型社会关系使人类面临被智能生产所替代的主体焦虑感和交往的空虚感。最后，它表现为信息传播的现代性张力带来的时空矛盾。信息传播的碎片化、非线性和虚拟“在场”性，与线性的、现场感的实在时空相交叠，现实空间和虚拟空间界限不断模糊，造成人的时空情境混乱。

面对智能传播激发传媒行业新的价值涌现和逻辑重构，以及信息传播的现代性张力带来的各种矛盾，亟须一种新的传播范式和理论体系加以回应，以新理念、新模式、新路径推动新闻传播学科的高质量发展。基于此，上海大学新闻传播学院策划出版了这套“智能媒体传播系列丛书”，旨在聚焦新问题、新模式、新发展，从智能传播参与社会治理、智能媒体的社会责任、智能信息供给、数字人经济、智能传播创意等不同维度，构建智能时代的新闻传播理论与实践研究新景观。总的来说，本套丛书的特点主要有如下四点。

一是服务国家和地方经济发展重大战略需求，探讨智能传播如何形成与超大城市治理相匹配的信息传播力、舆论引导力和社会服务力。通过系统的理论探索和实践总结，从不同维度探索了智能媒体参与社会治理的机制，为推动超大城市社会治理模式创新，打造人机协同的智能社会结构系统，构建符合智能时代特点的社会关系、文化价值观和治理体系提供依据。

二是强调技术的发展应当以人为尺度，系统阐释了智能传播应当强化用户中心的发展理念，尤其面对“人工智能原生代”，包括智能辅助人、生理增强人等数字化人类带来的新挑战。通过前沿探索和理论总结，构建起包括传播真相、保护隐私、规范数字劳动、促进社会包容和多元发展等在内的智能媒体总体社会责任观，保证人类自身在智能传播生态的中心地位，维护人类尊严和自主性。

三是系统研究了智能时代的信息消费变化与供需矛盾。从公共性、垄断势力、外部性、信息不对称等方面分析智能传播生态中的供给公共性不足、市场结构两极化、算法的技术垄断、新闻供给中的外部性损益与补偿等问题，拓宽了智能传播生产关系的研究视野，丰富了传媒产业在智能媒体新闻生产、传播、效益、风险与规制等方面的理论研究。

四是理论研究与智能媒体业界实践紧密结合。秉持“新发展理念”和经济高质量发展内涵，以技术创新驱动媒体转型和深度融合发展，以“新质生产力”推动主流媒体供给侧改革，探讨如何在数字人经济、智能媒体创意生产等领域着力提高全要素生产率，实现传媒经济平衡发展、协调发展、可持续发展，以此构建学界业界紧密的命运共同体，将中国智能媒体产业高质量发展与新闻传播学科体系、学术体系、话语体系创新紧密结合。

本丛书付梓之际，正值上海大学新闻传播学院成立五周年。作为国内唯一的一所双共建新闻传播学院（上海大学与上海市委宣传部共建、与中国社会科学院新闻与传播研究所共建），五年间，上海大学新闻传播学院积极发挥双共建优势，服务国家和上海市战略发展的重大需求，紧扣智能传播的核心定位，着力构建与智能传播发展需求相适应的学科体系和人才培养体系，连续立项、出版了系列高水平科研成果。2022年，学院又在保持原有学科特色与优势的基础上，对专业设置进行了创新性变革，成立智能传播系和智能视听系，与多家知名智能媒体企业深度合作，参与全球人工智能媒体传播研究院的建设，创新智能传播专业人才培养的产学研合作体系。

参加本丛书编写工作的老师都是上海大学新闻传播学院的学术骨干教师，他们有国家社会科学重大项目首席专家，有国家社会科学重点项目、一般项目负责人，大多具有传媒行业的工作经验，在相关研究领域具有丰富的科研经验和研究成果。

智能传播实践一经出现就快速发展，对于新闻传播学科体系和人才自主培养体系，以及媒介社会的一体化建构，都将产生广泛而深远的影响。很多理论问题属于前沿性研究，因此，本丛书中的一些观点还有待深入探讨。也许，随着技术更迭和产业变革，我们的思考和编写会出现一些不足，这些都需要后续研究的跟进和完善，也恳请广大读者不吝指正。但不管怎样，传媒业的中国式现代化发展，要求将“智能”二字镌刻在自身的基因里，“智能”是媒介内容生产的直接动力，也是催生传媒产业发展和升级的重要机遇。上海大学新闻传播学院希望能与大家一起努力，为智能时代的中国传媒产业发展、学科建设和人才培养创新，贡献智慧和力量。

本丛书从策划、实施到定稿、出版，得到复旦大学出版社王联合编审，责任编辑朱枫、张鑫的鼎力支持和帮助，在此我谨代表编委会衷心致谢。

是为序。

严三九

2023年11月20日于上海

目　录

绪 论

随着智能传播时代的到来，信息的传播、人们的交流方式都发生了翻天覆地的变化。在这样的背景下，城市治理也悄然面临着许多前所未有的新问题。智能传播时代的到来意味着信息的传播比以往任何时候都要迅速，一条消息、一个事件，在短短几分钟内就能传遍整个城市，甚至全国、全球，这无疑加大了城市治理的难度，要求治理者反应更加迅速、决策更加精准。我们亟须把握智能传播驱动下城市治理过程中出现的新问题、新现象，要充分认识到信息传播速度、广度、深度变化对城市治理的影响。在这一过程中需要不断更新理念，不能抱着传统的思维来应对现在的问题，城市治理是一个复杂而系统的工程，治理者要加强对智能媒体时代城市治理的研究，探索新的治理模式和方法，为城市治理提供强有力的理论支持。本书关注智能传播背景下城市治理领域的新动向，尝试借鉴新的视角对这一问题作出分析与探讨。

一、城市治理新挑战：智能传播时代的变革

城市治理是社会治理的重要内容，国内外不同研究者对城市治理有着不同的理解和描述。学界对城市治理问题从多角度作出了研究，比如从制度安排的角度审视城市利益相关者之间的互动机制，认为这“决定着城市主体间的利益分享及参与城市决策的能力”[①]。对于我国的城市治理研究，需要从两个方面予以把握。第一，我国城市治理的逻辑、理念不同于西方，需要根据我国城市发展的内在要

① 王雅莉、刘洋:《基于公司治理理论借鉴的城市治理结构的探讨》,《经济与管理》2013年第5期，第23页。

求予以构建。比如，刘士林认为“人民城市的显著特征彰显了我国城市建设与社会主义制度的本质联系，将人民城市理念贯穿于城市治理”[①]；何雪松等则反思并纠偏过度治理，认为“需要站在人民城市的生活逻辑之上，将顶层设计与问计于民结合起来，形成以美好生活为目标、尊重多样性、强调人民参与的适度治理；城市治理质量是我国学者关注的重点问题”[②]。第二，城市治理是一个具有时间维度的领域，不同社会发展阶段会对城市治理提出不同要求。比如，罗森布鲁姆指出公共价值会随着社会和政治条件的变化而周期性地变化；也有学者基于社会发展动态梳理未来城市治理的具体路径，如陈秀红提出“十四五”时期城市治理“需要理顺纵向主体关系、破解基层治理体制难题、促进社区公共领域再生产等”[③]。

智能传播时代的到来为智能化城市治理创造了条件，诸多学者关注技术对治理的作用，并提出相应的技术治理理论或模型，如简·芳汀的技术执行框架、沃尔科夫的技术嵌入理论在诸多研究中得到借鉴[④]。我国学者高恩新探讨技术嵌入城市治理体系的迭代逻辑，认为“推进城市治理体系和治理能力现代化要准确把握技术的工具限度，推动城市治理过程中多元要素的有机融合”[⑤]，此类研究对智能化城市治理问题、趋势从学理层面作出了具有前瞻性的把握。智能化城市治理的现状、问题、路径的研究热度近年来不断提升，孟令鹏等认为“人工智能正在颠覆传统的思维逻辑、决策方式和管理模

---

① 刘士林:《人民城市：理论渊源和当代发展》,《南京社会科学》2020年第8期，第66页。

② 何雪松、侯秋宇:《人民城市的价值关怀与治理的限度》,《南京社会科学》2021年第1期，第57页。

③ 陈秀红:《城市社区治理的制度演进、实践困境及破解之道——“十四五”时期城市社区治理的重点任务》,《天津社会科学》2021年第2期，第75页。

④ 简·芳汀:《构建虚拟政府：信息技术与制度创新》，邵国松译，中国人民大学出版社2004年版。

⑤ 高恩新:《技术嵌入城市治理体系的迭代逻辑——以S市为例》,《江苏行政学院学报》2020年第6期，第99页。

式，推动人类社会迈入网络化、社会化和智慧化的新时代，开辟社会治理新格局”[①]。姚尚建针对具体的数字城市新贫困问题，从城市权利的角度，探讨从信息均衡、数据共享和差异共存等三个方面实现城市数字化转型[②]。当然，人工智能也给城市治理带来不同层面的风险[③]，多位学者关照、探讨这一问题，如董幼鸿以上海市X区“一网统管”运行体系为例，分析“智能化治理过程中削弱个体权益、隐私保护不力、基层负担过重等风险隐忧等问题”[④]。

城市治理行为的实现、不同主体之间的互动是基于特定的工具、“界面”达成的，这成为学者们研究城市治理的独特切入点。文森特·奥斯特罗姆认为“看待和研究公共行政现象应该从技艺与人工物品的思路出发，公共行政是一个包含人类技艺的人工物品，理解人工物品需要考虑设计者目的”[⑤]。克里斯多弗·胡德使用了“界面”一词，认为它是政府与社会接触时所使用的工具[⑥]。赫伯特·西蒙将界面等同于人工物，认为其“处于内部环境和外部环境之间，内部环境就是人工物的实质和组织模式，外部环境就是人工物运行的环境”[⑦]。我国学者李文钊在文森特·奥斯特罗姆、克里斯多弗·胡德、赫伯特·西蒙的研究基础之上，重新将“界面”作为分析单位，研究界面自身的特征、内部结构、外部环境和功能与目

---

① 孟令鹏、田萃、许维胜:《人工智能赋能城市社区治理的共融模式及其实施路径》，《上海行政学院学报》2021年第2期，第83页。

② 姚尚建:《被计算的权利：数字城市的新贫困及其治理》，《理论与改革》2021年第3期，第80页。

③ 曹钺、陈彦蓉:《城市空间中的智能化治理风险——以城市大脑为例》，《学习与实践》2020年第8期，第64页。

④ 董幼鸿、叶岚:《技术治理与城市疫情防控：实践逻辑及理论反思——以上海市X区“一网统管”运行体系为例》，《东南学术》2020年第3期，第24页。

⑤ OSTROM V, “Artisanship and Artifact,” Public Administration Review, 1980, 40(4), pp. 309–317.

⑥ HOOD C & MARGETTS H Z, *The Tools of Government in the Digital Age*, Macmillan International Higher Education, 2007, p. 15.

⑦ Herbert A. Simon, *The Sciences of the Artificial*, Third Edition, MIT Press, 1996, p. 6.

标，从而建构一个关于界面的理论范式来讨论信息时代的政府和治理改革[①]。

界面理论作为吸取西方学术营养、立足国内治理问题而构建的本土化创新理论，受到学术界关注与应用。翟文康以北京大兴区“接诉即办”为例，分析界面治理如何实现诉求、信息、决策依据、行动任务、价值创造之间的转化，提出界面重构是超大城市实现有效治理的路径[②]；谢新水结合健康码在疫情治理中的作用与问题，基于“一体两面”架构对这一特殊的三重交互界面作出探究[③]；郑家昊认为“要科学理解界面理论内涵、严谨使用界面的表述，并提出对界面治理的研究应当被纳入合作治理理论的建构范畴”[④]。

整体来看，前期研究具有三个主要特点。第一，城市治理研究的前期成果能够为我国城市治理能力现代化的探索提供有力支撑，但仍然需要基于人民城市构建的要求，针对城市发展新问题、新特征进一步深化研究。第二，随着智能传播时代的到来，智能化城市治理已经成为人民城市构建不可忽视的课题，智能技术与城市治理的结合带来了创新的可能性，但同时也带来新的风险与不确定性因素，这需要整合多学科力量共同攻关。第三，在城市治理领域，长期以来我国学者在研究中大多借用西方的理论工具，而界面理论作为近年来具有代表性的本土化治理理论，已经表现出较强的适用性，出现了少量高质量的研究成果。在后续的研究中，有必要面向人民城市构建对城市治理提出的新要求、面对智能传播时代城市治理的新特点、立足推动本土学术进步的理论自信，针对我国城市发展过

① 李文钊:《界面理论范式：信息时代政府和治理变革的统一分析框架建构》,《行政论坛》2020年第3期，第129页。

② 翟文康、李芯锐、李文钊:《界面重构：迈向超大城市有效治理的路径选择——以“接诉即办”的大兴经验为例》,《电子政务》2020年第6期，第42页。

③ 谢新水:《疫情治理中的健康码：认同与张力——基于“一体两面”三重交互界面的探究》,《电子政务》2021年第1期，第2页。

④ 郑家昊、韩莉:《治理的界面与界面的治理——对“界面治理”的反思性阐释》,《中共宁波市委党校学报》2021年第1期，第65页。

程中的具体问题，从界面理论视角对智能化时代的城市治理问题做更为深入的研究。

二、城市治理新内容：智能化城市治理界面

本书将智能化城市治理界面作为研究对象。在城市治理领域，界面是系统之间的边界，是不同系统间的结合面。比如基于智能化移动终端的治理过程中，终端及软件便是实现人机交互、市民与主管部门交互的界面，以此界面为切入点，能够分析主管部门的治理理念与模式、界面设计的结构与功能、治理的效果及市民评价等。

基于界面治理相关理论，界面是一种主体间交互的平台，是不同主体为了实现系统目标进行相互作用的接触、连接点；是界面治理分析框架的核心变量，通过界面平台使得各种资源要素互动、整合，整个系统得以组织和运行。本书关注上海市发布的32个人工智能示范应用场景（包含上海市经济高质量发展、市民高品质生活、城市高效率运营三大类别，细分为政务、城市管理、医疗、教育、司法等15个小类别），以上海市城市治理智能化发展进程中的“界面”为分析单元，聚焦这些场景中的治理界面在智能化技术驱动之下的变化，包括界面变化背后的动因、结构的变化、主体与环境的互动等。任何一个治理过程都是治理界面的建构过程，以治理界面为对象便于把握治理功能和目标、应对治理环境的挑战。

在此需要强调与界定的是，智能传播的发展已经远远超出了传统的信息传播的范畴。通过智能化的互动功能成为不同场景之间相互连接的节点，成为超大城市治理过程中不同主体与对象之间沟通的节点，成为智能化背景下人机之间甚至不同智能设备与物体之间“对话”的节点。由此，智能传播产品的形态不仅仅是传统的信息渠道或者接收终端，而且应当包括形态多样、功能多元的各种智能产

品；智能传播活动的形态不仅仅是信息内容的传递与反馈，更应当包括城市发展过程中具有信息化、数据化、智能化特征的各种行为；智能传播实践的结果不仅仅是传、受双方在信息层面完成传播过程，而且是要通过智能传播活动实现人民生活、经济社会发展过程中的价值创造。基于此，智能传播的内涵与外延均得到了丰富与扩展，仅仅应用人工智能技术或者产品的超大城市治理是静态的，只有加入具有主体性的传播活动，才能形成动态的治理过程，这便是传播在智能化超大城市治理中的核心作用，而这种意义的智能传播是本书得以展开的重要基点。

对智能化城市治理界面的探讨需要基于以下几方面内容展开：

第一，体现智能传播时代的人民城市治理目标。城市治理现代化是实现我国治理体系和治理能力现代化的重要部分。习近平总书记多次围绕新时代"实现什么样的城市治理、怎样实现城市治理"等问题，从"中国特色现代化城市"的目标维度、"以人民为中心"的价值维度、"打造智慧城市"的技术维度等方面阐释城市治理的目标。本书将基于我国城市化发展及人工智能应用的背景，把握智能时代人民城市治理的理念及要求，为后续研究打下基础。

第二，确定城市治理的新型分析单位。首先，界面治理分析框架将人工科学思想与治理有机地结合，强调从治理界面、内部结构、外部环境、功能和目标来对治理现象进行解释、研究和规范①。本书将城市治理界面作为分析单位，由此切入审视内部结构、外部环境、功能和目标等多方要素对治理界面的影响。其次，引入时间的因素，基于智能时代背景审视，论证界面治理理论需要从静态走向动态，这是治理界面与环境不断调适的必要过程。本书将立足人民城市治理的目标来把握智能时代作为新的环境如何驱动治理结构与界面的

① 李文钊：《当代中国治理与发展：基于界面治理框架的视角》，《教学与研究》2020年第7期，第51页。

发展。最后，聚焦上海市32个人工智能示范应用场景，提炼本书具体的“界面”分析单元。

第三，探讨智能化城市治理界面。治理界面体系是由一系列嵌套、叠加治理界面组成的，不同治理界面满足不同的功能，应对人民城市建设与治理多样性、差异性的需求。本书将基于界面理论的框架，探析智能化技术驱动下城市治理界面多方面内容的动态变化。首先，分析三大类别的应用场景主要针对的社会治理问题，概括本场景治理过程中的主要内容，分析治理需求及痛点问题，凝练本场景的治理目标或需要实现的功能。分析传统的（非智能化）治理界面在环境、结构、界面设计等方面的模式及特点。分析三大类场景中（市民）对智能化治理的需求。其次，针对不同场景中智能化治理界面的设计理念与形态，结合多个案例场景的分析，概括智能化治理界面的设计理念（针对如何解决本场景中的问题），梳理智能化治理界面的设计形态（针对如何体现预期的目标、功能）。再次，分析智能化驱动下城市治理界面的新特点，具体分为五个层面：①治理目标：从政府绩效走向公共价值的创造[①]。②外部环境：从城市建设走向以人民为中心的城市服务。③内部结构：从条块分立走向一体交互。④治理界面：从压力推动走向信息驱动。⑤功能实现：从碎片化管理走向整体性回应。最后，基于实现的创新治理功能、结合上述多层面特点的解读，分析智能化社会治理界面在实现新功能的过程中内部结构的变化，比如应用智能技术的种类与方式，技术如何与治理问题、功能相结合，参与治理的主体（人、单位或企业）相互之间的关系得到了哪些改变等。

第四，社会治理界面弹性机制的生成及优化。社会治理界面需要根据治理环境、对象的变化而作出调整与优化，进而保证治理界

---

① 翟文康、李芯锐、李文钊：《界面重构：迈向超大城市有效治理的路径选择——以“接诉即办”的大兴经验为例》，《电子政务》2020年第6期，第42页。

面的形态与结构能够支撑治理功能的有效发挥，以便适应复杂多变的治理环境与任务，“当技术和环境变化不能够通过内部结构调整来消化时，政府需要通过对自身界面重构来适应环境和实现自身目标与价值，这意味着界面的变形、组合、叠加和重构将是政府应对信息时代的路径”[①]。依据弹性化社会治理界面的原则，针对不同场景的治理需求，从小界面、大界面、集成式界面等不同层次规模探讨智能化界面的应用。比如通过场景化、网格化的治理使小界面成为城市精细化管理的高效工具，“基于一体化政府界面打造（实现服务聚集和跨部门、跨层次、跨系统协同）为民众提供一体化服务的层面把握智能化界面扩大和服务集成界面形成的过程。并把握不同规模界面前台、后台、‘呈现’的优化机制，即界面重构（后台界面）、服务界面重构（前台界面）、政府与公民互动界面重构（互动界面）等”[②]。

在研究中需要基于复合场景把握智能技术嵌入城市治理的逻辑，基于历史与现实的双重情境把握技术与城市治理的融合，新信息技术的发展、应用须与城市治理范式转向公共治理、构建人民城市的现实情境相吻合。技术在城市治理中的过程嵌入是一个多层叠加的复合场景，驱动场景不断复合运动的则是以人为核心的行动者以及行动体系。本书基于复合场景把握智能技术嵌入城市治理的逻辑，还要注重体现智能化城市治理方式的适应性，智能技术在缩小界面、扩大界面和集成界面等方面的形态有不同的运作模式，基于对上海市社会治理应用场景的深入研究、顺应构造弹性化界面运作形态的趋势，探索具有适应性、可以依据治理环境与需求而动态演化的智能化社会治理界面。同时，人工智能有弱人工智能、强人工智能以及超人工智能三个阶段。目前智能化社会治理处于起步阶段，整体

---

① 李文钊:《界面理论范式：信息时代政府和治理变革的统一分析框架建构》,《行政论坛》2020年第3期，第134页。

② 同上。

来看“智能化”程度还较低。所以研究中须处理前瞻性与应用性的关系，在探索智能化社会治理方式的过程中，要基于人民对智能技术、模式的需求充分考虑动态升级迭代的要求。

三、智能化城市治理界面的分析思路及意义

本书将技术变革纳入社会治理的考察范围，基于界面治理理论搭建分析框架，诊断智能化背景下的城市治理与发展。在明确社会治理体系和治理能力现代化建设目标、深刻把握“人民城市人民建，人民城市为人民”重要理念的基础上，聚焦上海市发布的经济高质量发展、市民高品质生活、城市高效率运营三大类（32个）人工智能示范应用场景，以界面为分析单位，审视上述不同治理场景应用智能化技术之后，在界面、功能与目标、内部结构、外部环境等方面的变化，并从这四个要素出发对城市治理过程和治理问题进行分析。

通过研究找出现阶段存在的问题与不足，进而在各个场景智能化治理的发展过程中提炼经验、总结教训，梳理体现人民城市理念的智能化城市治理方式，提出优化、改进的策略建议。在研究中要把握两个方面的要求：一方面，透视智能化背景下社会治理界面重构的过程，顺应技术发展趋势把握社会治理创新路径；另一方面，立足上海市15个类别具体场景的分析，深化对中国现阶段城市治理内在逻辑和体系的思考，体现“人民城市”的建设理念。由此，基于从传统城市治理界面向智能化治理界面的升级，基于提升人民城市治理水平的目标，形成具有科学性、系统性、可操作性的智能化城市治理策略。

通过研究将智能技术变革纳入人民城市治理的研究视野，聚焦“智能化治理界面”，通过对界面特征、内部结构、外部环境和人民城市建设目标之间关系的把握，丰富关于界面理论范式的构建，助

力本土化治理理论的创新与发展。同时顺应城市治理从以城市建设为主导向以人民为中心的服务主导转型的背景，建构智能化驱动的治理界面，塑造整体性回应的界面功能，从而实现公共价值导向的城市界面治理[①]。

从界面理论视角对智能传播驱动下城市治理的探讨具有多方面的意义与价值。在学术价值方面，目前国家治理体系和治理能力现代化已经上升到国家战略高度，治理取代管理成为官方话语和叙事方式，对我国治理理论创新及本土化发展提出了更高要求，基于界面治理关注我国城市治理前沿问题，有助于丰富关于本土化社会治理理论的研究；同时，在探索治理理论本土化创新时，立足创建人民城市的目标，将人民城市这一重要理念的科学内涵和精神实质融入城市治理理论的构建过程。基于本土化的界面理论搭建研究框架、解决国内现阶段的现实问题，融合传播学、社会学等多学科视角丰富我国城市治理的学术研究，体现理论自信。诊断中国治理问题，提升和改进中国治理质量，应当成为研究者的理论自觉[②]。

在应用价值方面，突出上海“科创中心”的优势，丰富关于“科技支撑的社会治理体系”的探索，构建智能化的城市治理创新界面。以上海市具有代表性、示范性的32个人工智能应用场景作为案例，研究成果具有较强的实用价值，助力上海市智能化社会治理模式的落地与优化。上海市率先打通了人工智能与社会治理应用场景之间的产业闭环，基于此的城市治理界面研究在世界范围内均处于领先地位，对这一领域现状、问题、经验的梳理在国际、国内都具有指导意义和借鉴价值。界面的选择与分析基于上海市最新发布的32个人工智能示范应用场景展开，覆盖15个智能化治理类别。这些

---

① 翟文康、李芯锐、李文钊：《界面重构：迈向超大城市有效治理的路径选择——以“接诉即办”的大兴经验为例》，《电子政务》2020年第6期，第42页。

② 李文钊：《当代中国治理与发展：基于界面治理框架的视角》，《教学与研究》2020年第7期，第51页。

场景是上海市推进智能化治理的前沿试点，在世界范围内都具有很强的示范效应，本书面向人民城市建设目标探索的智能化城市治理模式能够为全国其他省市、地区的相应探索提供有效借鉴。

四、本书的主要章节与内容

本书主要由六个部分组成。绪论部分说明本书的缘起、研究内容、研究思路、研究价值以及章节构成，特别是梳理了为何使用本土化的界面理论来支撑智能传播驱动下的超大城市治理相关研究，对界面理论的相关背景与价值进行了论述。对智能传播这一核心概念作出界定与说明，强调智能化技术和产品在超大城市发展、治理过程中的节点作用及“对话”价值，说明本书基于内涵与外延得到丰富之后的智能传播展开，这是本书的重要基点。

第一章为智能传播时代的到来及其对超大城市治理的影响。把握智能传播的发展如何改变诸多领域与行业的基本运行逻辑，而且智能化机制在很多场景中的作用是通过智能传播实现的，论证智能传播驱动下的超大城市治理已经成为常态，为了能够更加有效地探索超大城市治理路径与方式，有必要对智能传播时代的基本特征及其对超大城市治理的影响作出基本的把握。本章分为四节，第一节从智能技术驱动传播模式发生改变、智能传播模式改变了市民的生活习惯、智能传播与人类互动交往方式、智能传播与经济社会发展方式等几个方面探讨智能传播的发展。第二节把握智能传播对超大城市治理理念的影响、智能传播对超大城市治理方式的影响、智能传播对超大城市软实力提升的影响。第三节从一体化、精细化、可复制性、可持续性等方面概括智能传播驱动下超大城市治理的特征。第四节为本章重点，说明城市治理不同场景中的各种需要逐步被“集成”在这样的智能化平台之上，确定本书的研究对象，即基于界面理论将这样的智能化平台、接触点、连接点统称为智能化治理界面；并对上海市官方发布的人工智能示范应用场景进行了归纳分类，作为后续章节分别深入研究的基础。

第二章为智能化治理界面与超大城市经济高质量发展。积极探索如何将智能传播技术与模式应用于超大城市经济治理过程，几个部分分别结合上海市人工智能示范应用场景从城市综合治理、制造、园区、农业、金融、商圈等几个方面展开，探讨智能传播如何在智能化治理界面的构建过程中发挥基础性的作用，改变传统的治理理念与方式，通过智能化治理界面提升经济治理水平与质量。

第三章为智能化治理界面与超大城市市民高品质生活。市民生活是超大城市治理过程中的细节问题，涉及城市发展中的诸多场景，覆盖层面广、工作要求细。本章结合上海市人工智能示范应用场景中的医疗、教育、文化旅游、社区等几个部分展开，探讨为了提升超大城市市民生活品质，需要基于智能传播不断寻找高效的创新治理理念、工具与方式，通过智能化治理界面的构建解决这一问题。

第四章为智能化治理界面与超大城市高效率运行。城市运行效率是检验城市治理水平与质量的重要指标，运行效率的提升将直接影响到城市经济发展、市民生活体验，智能化治理界面的构建为提升超大城市运行效率提供了新的路径，也为克服城市高速发展与运行过程中出现的一系列问题提供了智能化方案。本章结合上海市发布的人工智能示范应用场景中“超大城市高效率运行”相关的政务、城市管理、交通、交通枢纽、司法等几个方面的内容对这一问题作出分析。

第五章为智能传播驱动下的超大城市治理界面构建。基于上面三个章节三个层面多个具体场景的分析，提炼在智能传播这一关键变量介入之后，超大城市治理的理念与方式均发生的明显变化。本章把握超大城市治理界面的界面形态、内部结构、环境、功能四个主要部分的变化，各种治理资源与要素开始依据智能传播的逻辑得以整合、发挥作用，智能传播成为未来超大城市治理界面核心变量。本章基于前面章节对于不同层面与场景中超大城市智能化治理界面的解读，概括性地对智能传播驱动下超大城市治理界面形态、结构、功能等主要内容作出解读，对智能化治理界面的构建与优化机制作出思考。

第一章

智能传播时代的到来及其对超大城市治理的影响

我国城市化进程正处于高速发展时期，城市管理者、市民均对城市发展质量越来越重视。随着我国城市规模的不断扩大、城市人口集中化程度不断提升，城市治理面临诸多新现象、新问题，“大都市区是一个存在多个城市主体、横跨多个行政单元、具有一定人口规模和人口密度的地理空间、社会空间和经济空间。城市主体多元和政治碎化的特征使大都市区遭遇治理体系建构失序、整体性治理权力缺位、治理能力发挥不足以及治理资源配置不均衡等治理困境”[①]。虽然超大城市在我国整体城市中数量仍比较少，根据“城区常住人口1 000万”的标准，截至2025年2月，我国只有北京、上海、广州、深圳、重庆、天津、成都七个超大城市，但是超大城市在治理过程中的经验总结、模式探索对于我国不同地区的城市化进程均具有重要的指导和借鉴意义，超大城市治理已经成为当下经济社会治理中的核心问题之一。人工智能的发展正在改变诸多领域与行业的基本运行逻辑，而且智能化机制在很多场景中的作用是通过智能传播实现的，这在智能传播时代的超大城市治理过程中也有鲜明体现，即智能传播驱动下的超大城市治理已经成为常态。所以，为了能够更加有效地探索超大城市治理路径与方式，有必要对智能传播时代的基本特征及其对超大城市治理的影响作出基本的把握。

第一节　智能传播的发展

智能媒体技术的发展与应用正在驱动人类进入智能传播时代，

① 张龙辉、肖克:《人工智能应用下的大都市区治理：技术逻辑与治理路径》,《重庆社会科学》2020年第8期，第30页。

媒体支撑技术从数字化到智能化的发展不仅意味着技术条件的升级，更意味着基础发展逻辑的重构与迭代，各种人工智能技术背后所体现的技术特点、应用模式等开始对传统的媒体格局、架构与运营方式产生冲击。人工智能技术对传媒业的介入速度与影响深度远超从业者与受众的预期，从模拟化时代到数字化时代的转型与升级经历了比较明显的萌芽、开始、发展逐步到全面取代的过程，但是从数字化向智能化发展的趋势却是迅速到来，并没有给传媒业及相关主体足够的适应、缓冲的余地。为了能够顺应、适应未来传媒发展的趋势，有必要及时、全面地把握智能传播的主要特征。

第一，智能技术驱动传播模式发生改变。传播是人工智能技术应用密集的场景，人类的传播活动需要以各种先进技术为基础来促进模式创新以及效率提升，而且传播模式的创新与效率提升往往会得到传媒市场的认可与回报，所以在资本、平台、受众等多方诉求的驱动之下，人工智能技术在传媒界得到了比较广泛而深入的应用。“人工智能、大数据、云计算、区块链等新信息技术在媒体行业的广泛应用，正在深刻改变媒体产业生态和竞争格局”①，智能技术与传播模式之间的互动成为近年来传媒界的热点问题，特别是大数据、区块链等具有底层影响的技术驱动传播模式与范式发生了显著的变化，智能传播已经成为未来传播领域的主要趋势与方向。“在驱动传媒业发展的过程中，人工智能技术正从技术手段向技术模式转型，传媒业发展趋势也将从当下的媒体智能化向未来的智能传播发展”②，在从局部的“媒体智能化”向整体性的“智能传播”发展过程中，不仅传媒从业者需要适应智能技术驱动下的诸多新内容，经济社会发展

---

① 廖秉宜、姚金铭、余梦莎:《智能媒体的伦理风险与规制路径创新》,《中国编辑》2021年第2期，第29页。

② 黄楚新、许可:《人工智能技术驱动传媒业发展的三个维度》,《现代出版》2021年第3期，第43页。

不同领域、不同行业也需要重视智能传播的趋势与影响，因为智能传播对诸多领域与行业具有底层驱动的能力，也正在改变很多经济社会发展场景中的基本逻辑。

第二，智能传播模式改变了市民的生活习惯。“人工智能技术正在渗透到媒体的多个环节，催生出新的传媒业态，并且可能从根本上改变用户的媒体使用行为”[①]，传播方式更新最直接的影响之一便是改变受众的信息接收与消费方式。在传播发展史上，受众的很多信息使用习惯是由传播方式、传播内容或形态所决定的。比如，电视的兴起带来的以“客厅”为中心的家庭式观看习惯，手机的发展带来的移动化、碎片式的信息接收习惯。智能传播的发展又驱动着受众信息使用习惯的动态化、多元化发展，不同年龄、圈层受众的个性化信息诉求在智能传播时代得到了尊重。需要强调的是，智能传播在改变受众信息使用习惯的同时，还从更为宏观的层面改变了市民的生活习惯，因为智能传播不再仅仅是信息、内容的传播渠道，而且突破了传媒界的范畴，与经济社会发展紧密相连，在更为宏观和广泛的场景中发挥着作用，从更为多元的层面改变了市民的生活习惯，并在这一过程中给市民提供了诸多便利，使市民能够基于智能传播平台或渠道完成对诸多生产、生活事务的处理。

第三，智能传播驱动人类互动、交往方式创新。智能传播对市民生活习惯的改变是基于智能技术在诸多经济社会场景中的底层作用实现的，智能技术和智能传播模式的发展打通了原本孤立的诸多社会场景，为不同场景中的各类主体提供了新型的互动、交往平台，从而驱动人类互动、交往方式的创新。在这一过程中，智能技术与智能传播模式在一定程度上具备了一定的“主体性”，能够通过不同方式对人类互动产生直接影响，从而带来了人类互动过程中需要重

---

① 韦路、左蒙:《中国智能媒体的使用现状及其反思》,《当代传播》2021年第3期，第73页。

视的诸多新问题，比如在社交媒体平台“人机协作”过程中就出现了新的伦理问题，“‘人机合谋’加剧社交媒体传播失范和伦理风险，亟待‘人机协作’治理”[①]，这些问题也不仅仅局限于影响传播领域，而是能够对社会发展诸多层面产生影响，是未来网络治理、城市治理过程中都需要重视的问题。

第四，智能传播驱动经济社会发展。长期以来，媒体在经济社会发展过程中发挥着重要的作用，传媒产业也是我国经济版图中的重要内容，但是整体来看，媒体在经济社会发展过程中主要是通过连接、沟通、信息交流等基本功能发挥作用。不过随着智能传播的发展，媒体在经济社会发展中的作用方式与范围发生了巨大的改变，比如主要媒体平台积淀的海量数据成为现代经济社会发展的基础资源，能够给诸多场景中的大数据挖掘与分析提供支撑，而且随着“人、货、场”的格局重构，吸引了大量用户的社交网络平台已经成为数字化、智能化经济运营的“主阵地”。当然，智能传播在给经济社会发展带来机遇的同时也带来了新的挑战，比如“基于大数据和算法的智能时代的到来使得信息传播呈现增量式、痛点式和定制化特征，这对党和国家主流政治价值观传播带来新的挑战，包括多元话语与话语极化、政治极化现象并存导致的主流政治价值传播有效性削弱、阻碍公众公共意识与公共理性的培育以及算法技术的价值驯服”[②]，可见智能传播发展给经济社会带来的挑战具有很强的现实性、急迫性，如果不能得到有效的治理与规制，会对我国经济社会发展造成负面影响。由此也可以发现智能传播能够为经济社会发展提供驱动力，但是在一定条件下，智能传播本身也是社会治理必须重视的对象。

---

① 郑夏育、王文磊:《从人机关系看社交媒体智能传播风险》,《青年记者》2021年第7期，第44页。

② 耿旭、刘华云:《智能时代下中国主流政治价值观传播：模式、挑战与引领路径》,《贵州社会科学》2020年第8期，第11页。

第二节　智能传播对超大城市治理的影响

智能传播的发展在一定程度上改变了超大城市治理的基础逻辑，以多元化的传播平台作为渠道或连接点，智能技术得以在超大城市治理中发挥更为底层的作用，技术与治理之间呈现一种新的关系，“人工智能通过建构技术权力，形成了技术治理权威，成为对传统治理权威的补充；通过对治理数据的获取和分析自主生成治理决策，逐渐成为一种技术治理主体，并提供了一种技术治理路径”[①]。依托智能技术的强大力量，智能传播也成为超大城市治理理念与模式发展的新的驱动要素，城市治理对智能传播带来的挑战与问题不会仅仅被动适应，而是需要多方面作出积极回应，在此基于这一逻辑把握智能传播对超大城市治理的影响。

第一，智能传播对超大城市治理理念的影响。随着时代的发展，超大城市治理理念也需要动态地调整与优化。近年来，智能传播成为超大城市发展与治理中的新变量，进而需要依据智能传播的要求优化超大城市治理的理念。在未来的城市发展过程中，需要注重将智能传播与人民生活紧密结合，突出“人民城市”的理念，这是超大城市治理的核心理念，“人民城市及其治理承载着国家治理现代化，承接着城市治理的典型示范，联系着人民对美好生活的向往”[②]。而在贯彻“人民城市”治理理念的过程中，需要创造性地将智能传播技术和模式与超大城市治理的多元主体相结合，“城市社区治理共同体的建构需要重塑政府、市场、组织与居民构成的治理结构，需要强调‘一核多元’之差序性结构在中国城市社区治理

---

① 张龙辉、肖克:《人工智能应用下的大都市区治理：技术逻辑与治理路径》,《重庆社会科学》2020年第8期，第30页。

② 宋道雷:《人民城市理念及其治理策略》,《南京社会科学》2021年第6期，第78页。

的现实性”[①]，超大城市治理的理念需要依据政府、市场、组织、居民等多元主体之间的关系在智能传播环境下的变动，围绕“人民城市”创建的核心目标作出及时的调整，推动超大城市治理理念的创新。

第二，智能传播对超大城市治理方式的影响。超大城市治理理念与治理方式存在内在的联系，“城市治理能力与治理理念密切相关，是应对‘城市病’和促进城市可持续发展的必要条件”[②]。随着智能传播这个新变量的介入，在超大城市治理理念优化的条件下，超大城市治理方式也需要作出相应的调整。在探索超大城市治理方式的过程中，需要充分发挥智能传播技术、产品与模式的作用，“人工智能对城市治理的挑战及政府回应策略有助于更好地理解技术与治理之间复杂的互动关系”[③]。新的技术与模式应与城市治理需求相结合，这有利于为智能传播的进化提供更为落地的应用场景，同时也有助于将更优质的智能资源整合于城市治理过程之中。应对超大城市发展中出现的诸多“城市病”，也存在治理方式创新的内在需求，比如需要不断提升智能化、精细化治理水平，“推进城市精细化治理，实现城市治理体系和治理能力现代化，符合国家全面深化改革的战略部署，对城市健康发展具有重大意义”[④]，而智能传播的发展将成为超大城市治理方式创新的重要驱动要素。

第三，智能传播对超大城市软实力的影响。提升软实力是超大城市治理的重要目标之一，同样是人民城市构建的题中之义，比如

---

① 李永娜、袁校卫:《新时代城市社区治理共同体的建构逻辑与实现路径》,《云南社会科学》2020年第1期，第18页。

② 夏志强、谭毅:《城市治理体系和治理能力建设的基本逻辑》,《上海行政学院学报》2017年第5期，第11页。

③ 陈水生:《技术驱动与治理变革：人工智能对城市治理的挑战及政府的回应策略》,《探索》2019年第6期，第34页。

④ 张明斗、刘奕:《新时代城市精细化治理的框架及路径研究》,《电子政务》2019年第9期，第76页。

城市文化传承与发展方式的创新是提升城市软实力的重要内容，而“我国传统文化的产业化开发与智能技术融合尚未完善，智能媒介的特色优势也还没有充分发挥”[①]，所以在未来的超大城市治理中有必要充分发挥智能传播的优势，推动城市文化发展方式的创新，比如当下智能传播已经在多种海派文化类型的传承中得到了创新应用。当然，这是一项系统的城市文化发展工程，“需要有效利用智能技术在传统文化保护与开发中的特色优势，促进传统文化在现代社会环境中向高端产业链方向发展”[②]。此外，主流价值观的塑造与引导也是超大城市文化发展的重要内容，而在与人工智能应用相关的法律法规相对滞后的现状下，智能传播的发展在一定程度上对主流价值观的塑造产生了冲击，特别是在青少年亚文化方面的体现更为明显，“迎合性算法推荐造成主体理性的被消解、‘去权威性’传播导向带来价值判断取向迷茫、数字化‘全景监狱’引发价值选择的疑虑心态、隐匿化网络圈群造成价值认同的心理盲从”[③]，这也是超大城市文化发展过程中需要规避的问题。可见，智能传播能够在超大城市软实力建设中发挥正、负两方面的作用，需要在治理过程中科学对待、发挥优势、规避问题。

第三节　智能传播驱动下的超大城市治理特征

基于智能传播的驱动，与传统的治理理念与方式相比，在超大城市治理过程中出现了显著的“智能化”特征。比如，为适应智能技术变革的浪潮，智慧城市建设的理念应运而生，上海市正全力推

---

① 孙传明、郑淞尹：《智能时代传统文化的产业开发与创新发展》，《理论月刊》2021年第5期，第98页。

② 同上。

③ 汪康、吴学琴：《智能媒体时代青年价值观认同建构》，《中国特色社会主义研究》2021年第2期，第89页。

动城市治理的"智能化"转型。上海市作为具有代表性的超大城市，其治理思路对全国各个城市都具有指导与借鉴意义，在此结合不同场景中智能化治理模式的探索，梳理上海市智慧城市治理理念，讨论其现状与问题。

首先，智能化治理具有一体化特征。一体化是智能化治理的基本特征，智能化治理平台不是相互孤立、分割的工具，而是能够实现多种治理需求、多种治理功能一体化、集成化的新型平台。比如长期以来困扰城市治理的不同部门、各种场景之间存在的信息孤岛、数据孤岛问题，能够通过智能化治理平台的构建而逐渐被破解，"智慧城市治理的关键在于打破信息孤岛，而一体化管理是实现该目标的重要手段"[①]。上海市的"一网通办""一网统管"便是这方面比较典型的代表性案例，在本市智能一体化治理建设中起到了重要作用，"聚焦'高效办成一件事'，推动跨部门、跨层级、跨领域的系统集成，打造全周期管理、全过程管控、全要素归集、全领域共享的区域数字档案管理服务一体化数据仓，实现'一网通办'电子文件的实时归档和智能化应用服务，支撑政务服务数据应用，为推进和丰富'不见面'服务场景提供有力支撑，形成具有破冰意义的电子文件档案智能归集应用'浦东样本'"[②]。

其次，智能化治理具有精细化特征。以科学化、精细化、智能化的治理系统，高效匹配城市微观主体供求，提高城市实时智能服务水平，实现"科技让管理更精准、让处置更高效、让群众更满意"的目标。精细化治理主要表现在基层治理中的数据收集阶段，力求充分反映居民真实需求，保障治理内容的精准性，基层治理的决策

---

① 王欣亮、魏露静、刘飞:《大数据驱动新时代乡村治理的路径建构》,《中国行政管理》2018年第11期，第50页。

② 上海浦东:《"一网通办"四周年 | 浦东打造"一网通办"电子文件档案智能归集应用范例》(2022年11月3日)，上海市浦东新区人民政府网站，https://www.pudong.gov.cn/jjywtb/20221110/746589.html。

模式由被动转向主动，城市治理切入点前移，从事后解决变为实时监测，事前预防，提高城市治理效率。比如，徐泾镇为了配合进博会而部署的网格化中心，积极应用多种智能技术与产品，探索了高效的治理方式，“善治理APP的上线、融合通信等功能的运用，能够实现人员在岗情况点名、巡查情况视频会商、复杂案件前线指挥等多项功能，进一步丰富了进博平台、移动端的指挥功能，提高了城市数字治理能力”[①]。

再次，智能化治理具有可复制性、可持续性特征。城市建设可持续发展，意味着环境生态、经济建设、社会治理等多角度的可持续，要求城市在建设过程中保护生态环境、各系统协调一致，在资源最小利用的前提下保障城市活力。而智能化背景下的可持续发展，则要求最大化利用信息技术，挖掘城市海量数据资源中的内在价值，为城市发展创造动能。可持续发展是一个由多项指标决定的复杂系统。智慧城市的建设，需要量化的指标体系，将海量庞杂的大数据提炼形成具有利用价值的决策资源以提供给城市主体。近年来，北京、上海、西安、郑州、天津等城市都陆续提出了建设可复制推广的智慧城市样本的目标，城市治理可复制并非意味着将城市建设方案全盘照搬，而是将前沿城市数字化转型、智能化治理的思路与手段中最具推广意义和借鉴价值的核心部分推向全国，并因地制宜，让每个城市都能探索出一条行之有效的智能化建设道路。这要求样本城市深刻把握智慧城市建设的内涵，探索更加成熟、定型的社会治理制度，给出既具有城市特色，又蕴含着普适性价值的城市建设样本。

最后，智能化治理重构了人、物、管理部门间的连接方式。早在信息技术尚未普及之时，中国政府就已经开始了对建立“一站式”

---

① 绿色青浦：《徐泾镇“微网格、数字化”赋能第六届进博会服务保障》（2023年11月4日），上海市青浦区人民政府网站，https://www.shqp.gov.cn/shqp/qpcsszhzh/20231106/1146207.html。

政务服务中心，实现只进“一扇门”的改革目标的探索。近年来，互联网技术的发展极大促进了政务服务的升级，实现了“一网通办”“一网统管”。在南京路步行街，警用机器人可以实现户外全天巡逻，实时拍摄异常情况并与公安指挥中心后台联通，不仅节约了警力资源，也减少了人员接触，降低了感染风险。在智能化背景下，城市间人与人、物、管理部门之间的联系经由互联网与大数据技术变得便利、快捷，三方通过同一平台进行高效的联动互通，一改传统模式中管理人员“亲力亲为”的费时费力，节约人物力资源的同时也丰富了管理场景。因此，不断完善人、物、管理部门交互的平台，使其更加高效地适应居民多样化需求，提高政府部门管理效率，是智慧城市治理的关键环节。

第四节　超大城市智能化治理界面构建

基于智能传播的驱动，在超大城市治理过程中，各种智能化技术与产品开始在不同领域、场景中得到广泛而深入的应用。通过与传统治理方式相对比，在智能传播驱动下的超大城市治理中，不同治理主体、客体之间出现了一种新的交互平台，是不同主体与客体为了实现系统目标进行相互作用的接触、连接点，城市治理不同场景中的各种需要逐步被“集成”在这样的智能化平台之上，本书基于界面理论将这样的智能化平台、接触点、连接点统称为智能化治理界面。界面理论作为吸取西方学术营养、立足国内治理问题而构建的本土化创新理论，受到学术界关注与应用，出现了一些高质量的研究成果。

本书将智能化城市治理界面作为研究对象，基于界面理论视角审视上海市在多个场景中开展的智能化治理的实践。界面理论将城市治理中的人机交互平台作为研究治理的核心要素，在城市治理领域，界面是系统之间的边界，是不同系统间的结合面。比如基于智能化移动终端的治理过程中，终端及软件便是实现人机交互、市民与主管部门交互的界面，以此界面为切入点，能够分析主管部门的治理理念与模式、界面设计的结构与功能、治理的效果及市民评价等。如图1.1所示，界面治理框架可以分为治理界面、内部结构、环境、功能等四个主要部分，治理界面是城市治理功能与目标得以实现的基础，是各种治理资源与要素得以整合、发挥作用的前提。环境要素是治理界面的外部影响因素，对界面起到塑造作用，界面需要适应环境变化。内部结构是治理界面建构所需要的支撑，是实现治理功能和目标的手段和方式。基于界面治理相关理论，界面是界面治理分析框架的核心变量，通过界面平台使得各种资源要素互动、整合，整个系统得以组织和运行。

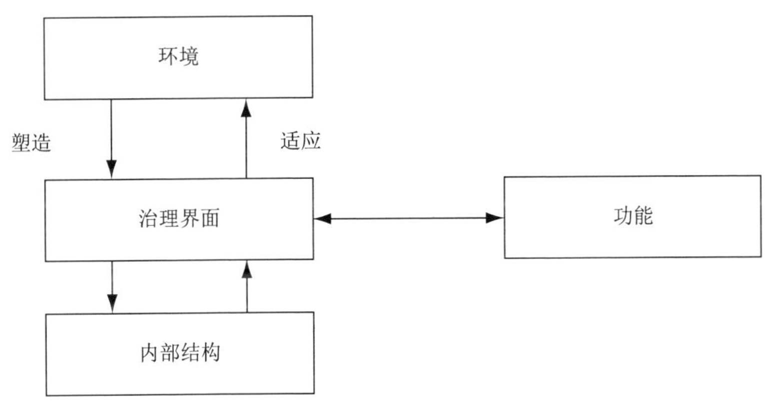

图1.1　界面治理框架示意图①

为了加快推进人工智能技术在城市发展、治理中的应用，上海市于2017年10月制定了《关于本市推动新一代人工智能发展的实施意见》。自2020年12月起，以上海市经济和信息化委员会为主体，连

① 李文钊:《理解中国城市治理：一个界面治理理论的视角》,《中国行政管理》2019年第9期，第74页。

续推出了三批上海市人工智能示范应用场景，这些应用场景基本覆盖了城市生活的主要内容；通过人工智能示范应用场景的建设，各种智能传播设备、技术与模式开始得到试点应用，诸多创新性的智能化界面在这一过程中被打造出来，为研究智能传播背景下超大城市治理界面的现状、问题、趋势等创造了条件、提供了便利。三批人工智能示范应用场景可以分为三个主要层面，即智能传播与超大城市经济高质量发展、智能传播与超大城市市民高品质生活、智能传播与超大城市高效率运行，三个主要层面又包含不同的超大城市治理场景，每个场景即是官方发布的人工智能示范应用场景案例（如表1.1）。

表1.1　上海市人工智能示范应用场景

层次	场景	案例
智能传播与超大城市经济高质量发展	综合	浦东新区科技和经济委员会（城市AI生活新画卷）②
	制造	上海电气集团股份有限公司（工业互联网智能高端装备预测性维护）② 国网上海市电力公司（智能化电网运维管理）② 上海集成电路研发中心有限公司（集成电路AIFab智能制造与研发优化）③
	园区	张江人工智能岛① 西岸传媒港开发建设有限公司（智慧化管理和服务）② 网普物流装备（上海）有限公司（普洛斯智慧物流园区）② 上海国际汽车城（集团）有限公司（无人驾驶规模化示范应用）③
	农业	金山亭林镇周栅经济合作社（周栅智慧农村）②
	金融	中国外汇交易中心（银行间市场全生命周期的智能化交易）② 中国工商银行股份有限公司上海市分行（智能银行生态系统）③
	商圈	上海南京路步行街投资发展有限公司（南京路步行街智能商圈新地标）③ 上海百联商业互联网有限公司（世博源人工智能商业应用）③

续表

层次	场景	案例
智能传播与超大城市市民高品质生活	医疗	上海第十人民医院① 上海交通大学医学院附属上海儿童医学中心（基于人工智能的儿科分级诊疗应用）② 上海交通大学医学院附属瑞金医院（智慧瑞金，瑞智助医）② 徐汇区卫生事业管理发展中心、复旦大学附属中山医院、徐汇区中心医院（徐汇区心血管疾病全周期智能服务）②
	教育	上海世外教育集团① 上海体育大学中国乒乓球学院（智能乒乓球教练）② 上海大学（上海大学延长校区智慧校园AI综合场景应用）② 上海市黄浦区卢湾一中心小学（智慧云学校）②
	文化旅游	上海博物馆（上海博物馆智能导览和智能科研）② 上海文化广播影视集团有限公司（SMG媒体内容智能生产平台）② 上海滨江森林公园（AI智慧公园管理与服务）③
	社区	长宁区北新泾街道①
智能传播与超大城市高效率运行	政务	上海科创中心海关（海关科创智能监管服务）③
	城市管理	上海城投环境（集团）有限公司（人工智能在生活垃圾分类中的应用）②
	交通	上海浦江桥隧运营管理有限公司（东海大桥道路运营智能维护）② 上海申通地铁集团有限公司（上海地铁智慧视觉应用）②
	交通枢纽	上海机场（集团）有限公司（大型枢纽机场运用智慧交通提升陆侧交通服务质量）③ 吴淞口投资（集团）有限公司（吴淞口国际邮轮港）③
	司法	上海市高级人民法院（市高院金融案件智慧诉讼）②

备注：案例后的带圈字符中的数字，表示该案例属于上海市发布的第几批人工智能示范应用场景。

在本书后续三个章节中，将分别从智能传播与超大城市经济高质量发展、智能传播与超大城市市民高品质生活、智能传播与超大城市高效率运行等三个主要层面展开，结合其所包含的具体案例，分析不同场景中所针对的具体治理问题，比如治理的主要内容、治理需求、治理目标等；通过与传统治理理念与方式的对比，分析不同场景中智能化治理界面是如何设计与构建的，思考智能化治理界面背后所蕴含的设计理念；结合智能化治理界面的形态与功能，探析如何基于智能技术与智能传播模式的灵活应用实现治理功能的创新，重点探讨智能技术与智能传播模式是如何与超大城市治理面临的问题、智能化治理界面所构建的功能相结合的，以及在这个过程中不同治理主体、对象之间的关系得到了怎样的改变。通过对这些问题的分析形成对智能传播驱动下智能化治理界面的综合把握。

第二章

智能化治理界面与超大城市经济高质量发展

提升经济发展质量是超大城市治理的核心内容，智能传播的发展为基于新的智能化方式驱动城市经济治理方式创造了条件，有必要积极探索如何将智能传播技术与模式应用于超大城市经济治理过程。在未来的超大城市治理过程中，智能技术能够在智能化治理界面的构建过程中发挥基础性的作用，改变传统的治理理念与方式，通过智能化治理界面提升经济治理水平与质量。本章将结合上海市发布的人工智能示范应用场景中“超大城市经济高质量发展”的相关内容进行分析。

第一节　智能传播驱动下的城市综合治理场景：AI生活新画卷

浦东新区科技和经济委员会申报的“城市AI生活新画卷”入选上海市官方发布的第二批人工智能试点应用场景，此应用场景力求通过智能传播与城市生活的深入结合，打造城市生活的“智能新画卷”。在这幅“新画卷”之中，“从陆家嘴金融城到世博地区，人工智能场景应用扎堆落地。国内首个融合大规模无人驾驶动态体验场，国内首个大规模商业综合体内AR导航全覆盖的智慧商业，集成、便利、无感的智慧酒店，AR视角全新互动再现历史的智慧旅游新体验，车位信息共享平台打造的智慧停车服务……周边的衣、食、住、行统统打上了AI印记”[①]。浦东新区科技和经济委员会重点从无人驾

① 《【而立浦东再出发】高水平对外开放的浦东样本》（2020年11月9日），央广网，http://china.cnr.cn/news/20201109/t20201109_525323272.shtml。

驶、智慧楼宇、智慧商业、智慧酒店、智慧停车、智慧旅游、智慧养老等方面展开布局，结合这些城市治理过程中的常见场景，针对其中存在的各种问题，创造性地应用智能传播技术与模式，通过各种AI产品的应用，创新了治理方式、提升了治理效率。

一、城市综合治理场景中的治理问题

结合本场景主要关注的无人驾驶、智慧楼宇、智慧商业、智慧酒店、智慧停车、智慧旅游、智慧养老等内容，可以发现“城市综合治理”的问题主要针对与人民生活密切相关的衣、食、住、行等方面。在传统的城市治理中，有诸多长期存在但仍然难以完全有效解决的难题，比如“交通拥堵是制约中国乃至世界大城市可持续发展的重大城市问题，对经济、社会和环境造成负面影响”[①]，而且随着城市发展过程中各种新现象与新问题的不断出现，城市交通治理也面临着诸多新的压力和要求，比如近年来共享单车模式的推广给市民出行带来极大便利，但同时也给城市交通治理带来了很多新的难题，“共享单车在大规模扩张的同时也带来了公共空间无序占用难题，导致公共空间的‘公地悲剧’”[②]。很多与城市生活相关的问题是相互联系、交织存在的，在治理过程中需要统筹不同场景、不同问题之间的内在联系及相互影响，仅仅面向单一场景的问题思考治理方法已经不适应当下城市发展的需要。

在传统的城市生活场景中，上述领域诸多问题的治理思路与方式均带有一定的“人工化”特征，需要通过人工操作、协调来实现多方主体的沟通。比如城市交通中的车辆驾驶、停车等均需要司机

---

① 张文佳、王梅梅:《交通拥堵治理的空间与基础设施政策综述》,《人文地理》2021年第2期，第20页。

② 黄玖菊、林雄斌、杨家文、涂媛杰:《城市公共空间“公地悲剧”治理：以共享单车为例》,《城市发展研究》2021年第5期，第96页。

的“具身”操作，在导致交通事故的原因当中占据很大比例的便是驾驶员的主观判断或者操作失误，即使通过各种方式规范驾驶员的行为，也很难完全规避由驾驶员失误而导致的各类交通事故；“互联网+”的发展为提高交通治理效率提供了有利条件，比如网约车模式的兴起与发展给市民用车提供了便利，也提升了车辆资源与需求之间的有效匹配程度，但是也带来了新的问题，“随着近年来网约车行业的蓬勃发展，网约车安全问题日益凸显。网约车网络生态中的司机、平台和法律政策环境、政府监管环境、市场经济环境、平台管理环境、社会文化环境等网络环境对网约车安全起到显著的影响作用”[①]。再如，商场是城市生活的重要空间，但是商场空间大、各类入驻主体种类具有很大差异性，“大型商场面积大、商品种类繁多，顾客需要花大量时间在寻找商品和排队结账上，而商店在商品的导购和收银等环节中需要投入大量的人力和财力，且效率不高，同时也缺少对每位顾客的消费习惯进行统计的手段”[②]，而且商场人流量大，还要涉及水电、交通安全等多层面的问题。此外，在与城市生活密切相关的酒店、旅游、养老等多元场景中还存在诸多不同类型的问题，需要治理者统筹思考与把握。

二、“人民城市”社会治理目标的体现

智能传播的发展与应用为解决上述问题提供了新的思路与选择，而这也是基于“人工智能+城市综合治理”来打造AI生活新画卷的题中之义。上海市近年来连续推出三批人工智能试点应用场景，就是为了探索应用智能传播技术与模式，提升城市治理水平、创新城

---

① 向坚持、王耀光:《基于网络生态视域的网约车安全治理体系研究》,《湖南师范大学自然科学学报》2020年第6期，第19页。

② 陈立龙、宋建文、周伟、张立国、潘志庚:《大型商场智慧购物系统研究》,《系统仿真学报》2016年第12期，第2966页。

市治理模式。而浦东新区科技和经济委员会作为“城市AI生活新画卷”应用场景的运营主体，具有一定的特殊性，因为上海市浦东新区有大量高科技企业聚集，具有一定的集群效应，但是科技进步与城市发展治理之间却存在一定的区隔，科技与城市社会发展之间的融合程度不够深，而浦东新区科技和经济委员会的成立（由浦东科学技术委员会与经济和信息化委员会于2016年8月合并而成）也有融合科技进步与城市发展之义，能够使先进科技在城市发展与治理之中得到更为广泛、深入的应用。

在将智能传播应用于城市综合治理的过程中，需要明确依据什么样的理念、按照什么样的原则发挥人工智能技术的作用，这是智能传播与城市综合治理相结合的基础。“人民城市从制度构建的高度，把城市发展的普遍理想与中国特色城市发展道路结合起来，是对中国特色社会主义城市作出的全新设计，为城市现代化建设赋予了中国特色社会主义的灵魂”①，人民城市的理念是人工智能技术与城市综合治理相结合的重要原则与指引。以交通治理为例，“在人工智能的诸多重要应用场景中，汽车、航空器、船舶、轨道交通等领域不同程度的自动驾驶或无人驾驶历来备受瞩目”②，无人驾驶技术及模式的应用能够为解决城市交通中存在的诸多问题提供新的机遇，无论是满足市民多样化的用车、交通需要，还是最大限度地规避交通事故等，都体现了以人为本，为人民创造更安全、高效城市交通环境的立意。

三、城市综合治理场景智能化治理界面的形态及功能

针对城市综合治理过程中存在的问题，通过创造性地应用智能

---

① 刘士林:《人民城市：理论渊源和当代发展》,《南京社会科学》2020年第8期，第66页。

② 张守文:《无人驾驶的制度环境及其优化》,《人民论坛·学术前沿》2021年第4期，第22页。

传播技术与模式，可以探索更为灵活、高效的解决方案，而且随着智能传播这一新兴元素的介入，探索解决方案所遵循的逻辑将不同于传统的城市治理模式。比如，无人驾驶技术的发展及应用能够有效提升城市交通的效率，自动驾驶模式能够解放驾驶员的双手，智能泊车能够提升停车效率，而且能够将“人找车”改变成为“车找人”，让车辆更加智能化地为人们的出行、交通服务。近年来，各大车企纷纷探索无人驾驶方面的产品或方案，引发公众对无人驾驶的广泛关注。企业希望在投身城市交通智能治理的过程中寻找新的技术和业务模式，比如，滴滴展示了加装自动驾驶功能的车辆，市民在使用自动驾驶模式的时候，车辆能够自动识别障碍物、信号灯等，并且作出实时反应，再如，纵目科技展示了具有智能泊车功能的产品，市民能够通过智能手机操控汽车，启动智能泊车功能使汽车自动停车，并且能够远程唤醒和启动车辆，使车辆驶离停车位自动到达指定地点。

在城市商场中，通过智能传播的应用能够实现“智慧商圈”的打造，这是AI生活新画卷的重要内容，将大幅提升市民在商场中的便利程度。比如，通过AR技术的应用可以为市民更为直观、有效地展示商场的各种信息，方便市民作出选择。世界人工智能大会期间，在世博源创新应用的AR导航导览以其独特的风格与功能给广大市民留下了深刻的印象，市民下载APP就可以观看通过AR技术呈现的世博源内部地图，一目掌握世博源所有商家、设施的信息。世博源部分服装店铺还提供了AR试衣的功能供市民选择，市民可以通过AR试衣镜观看各种衣服的试穿效果。餐饮店铺提供了AR点单功能，在APP中为市民呈现三维立体菜单，全方位展示菜品的各种介绍信息，通过AR实景的展示与导航能够使市民更加直观地参与到世博源的各种场景中。再如，浦东新区科技和经济委员会在智慧酒店方面作了尝试，通过智能机器人引导市民10秒办理入住手续，市民可以借助手机使用电子房卡打开房间，还能够通过语音控制房间内的空调、电视、灯具、窗帘等各种电器及物品。

这些都是AI生活新画卷的代表性内容。浦东新区科技和经济委员会还在多方面作出了应用智能传播技术与模式创新城市综合治理模式的尝试，在此不一一展开。仅通过上述几个案例的简要分析，我们已经能够发现各种智能传播技术与模式的开发及应用使不同城市治理场景具备了“智能化”特征，各种新的场景及形态被打造出来，在这一过程之中，随着各种智能传播技术与模式形态及功能的成熟，新兴的城市综合治理界面已经逐步成形。

四、城市综合治理场景智能界面功能的实现

如果说各种智能产品构建起了新兴的智能化城市综合治理界面，那么作为区别智能治理与传统治理的核心变量，智能传播技术与模式在其中发挥着关键的作用，对技术如何应用、治理过程中的新功能如何形成的分析是探讨智能治理界面内部结构的有效切入点，而智能治理界面内容结构的优化、创新是形成社会综合治理新功能的基础条件。以无人驾驶为例。在上述案例中无人驾驶实现的自动驾驶、智能泊车、远程操控、自动预警等多种功能离不开深度学习、传感器、L4级自动驾驶等多种智能技术的综合应用。随着传感器技术智能化程度的提升，汽车能够更为准确、灵敏地探测行驶范围内的多种障碍物的性质、方位，这是提升自动驾驶安全水平的基础。此外，深度学习技术的应用能够提升无人驾驶的判断及反应能力。比如，中国科学院深圳先进技术研究院牵头开展的不同仿真环境下的实验结果表明，“改进后的奖励塑造方式在评价稀疏灾难性事件时，对目标函数优化期望的近似程度提高了85.57%，训练效率比传统深度确定性策略梯度算法提高了21%，任务成功率提高了19%，任务执行效率提高了15.45%，验证了该方法在控制效率和平顺性方

面具备明显优势，显著减少了碰撞事故”[①]。

在上述智慧商圈的案例中，AR技术创新应用是实现智能治理界面的重要基础，通过增强现实来实现室内导航等多种功能。智慧商圈的建设会涉及多方面的治理需求，不同主体、不同层面的治理需求对智能技术的应用方式也有着差异化的诉求，“智慧商圈的创新模式体现在新服务概念、新顾客交互作用、新服务价值网络、新收益分配模型和新服务交付系统等六个维度”[②]。再如，在智慧酒店的诸多新功能之中，语音识别、文本分析、自然语言处理等技术发挥了重要作用，这些技术是保证市民能够在酒店房间中通过语音控制各种设备、物品的基础，由此实现人、机器人、各种设备之间的智能“对话”，创新性的人机交互方式为市民提供了极大便利。

可见，AI生活新画卷是城市综合治理理念及方式创新的“诗化”体现，在“新画卷”中将包含诸多细分场景的智能化改造与提升，通过这一过程实现了创新型城市治理界面的构建。基于智能化的城市综合治理界面，虽然在很多治理场景中少了人的参与，却通过精心的“无人化”设计打造出了诸多新功能，使各种治理场景增加了人民城市的“温度”，通过各种智能传播技术与模式的创新应用大幅提升了市民生活的便利性。当然，AI生活新画卷中的很多技术、产品与功能目前还没有实现规模化应用，一些治理界面还处于“试点”的阶段，在这一过程中还存在诸多问题与不足需要解决。比如，“美国高速公路安全管理局将智能汽车定义为以下5个层次：无智能化（层次0）、具有特殊功能的智能化（层次1）、具有多项功能的智能化（层次2）、具有限制条件的无人驾驶（层次3，如谷歌无人驾驶汽车）、全工况无人驾驶（层次4，可称为完全自动驾驶阶段或无人驾

① 吕迪、徐坤、李慧云、潘仲鸣：《融合类人驾驶行为的无人驾驶深度强化学习方法》，《集成技术》2020年第5期，第34页。

② 钮钦：《面向体验经济的智慧商圈：理论阐释和建设路径》，《中国流通经济》2018年第10期，第112页。

驶阶段）”[①]。上海浦东AI生活新画卷中所展现的无人驾驶汽车尚处于“具有多项功能的智能化”层次，能够搭载多种智能工具与系统，实现自动探明路况、制动、转向等，很多功能需要在路况相对简单的道路上实现，距离“完全自动驾驶”还有一定差距；而且在无人驾驶规模化应用的过程中，还有很多社会、文化、伦理等层面的问题需要统筹与考虑，所以说基于智能传播技术与模式的城市综合治理界面已经呈现出新的形态、构建起了新的功能，从中能够发现优于传统治理模式的诸多优势，顺应并代表了智能治理的趋势。智能化城市综合治理是一项复杂的系统工程，还需要在未来的发展中结合各种具体化的应用场景展开深入研究与探讨。

第二节　智能传播引领下的制造业：AI与产业的共赢之路

制造业是城市经济社会发展的基础内容，上海作为我国制造业的代表性城市，“上海制造”不仅在我国制造业中占有重要的地位，而且也是上海市的主要城市名片之一。近年来，智能化改造与升级成为传统制造业发展的主要趋势与方向，推动制造业高质量发展是当下中国面临的重要问题。“制造业转型已成为中国经济转型与生态文明建设的重要支撑”[②]，需加强制造业领域的工业智能化应用，“形成精准支撑的政策体系，发挥劳动力结构、生产效率以及产品质量的正向效应，引导工业智能化推动制造业高质量发展”[③]。在上海市发

① 李洁：《互联网汽车发展及关键技术分析》，《电信科学》2016年第8期，第34页。

② 李新安、李慧：《中国制造业绿色发展的时空格局演变及路径研究》，《区域经济评论》2021年第4期，第64页。

③ 唐晓华、迟子茗：《工业智能化对制造业高质量发展的影响研究》，《当代财经》2021年第5期，第102页。

布的三批人工智能示范应用场景中，与智能制造相关的有三个，分别是第二批中上海电气集团股份有限公司的工业互联网智能高端装备预测性维护、国网上海市电力公司的智能化电网运维管理和第三批中上海集成电路研发中心有限公司的集成电路AIFab智能制造与研发优化。其中工业互联网代表着万物互联在工业生产与制造领域的创新应用，有助于提升工业制造不同环节与领域的智能化水平，创新工业生产治理模式；智能化电网运维管理是生产、制造智能化治理的具体应用，通过智能传播技术与模式的创新应用解决电网运维管理中的各种具体问题，能够有效提升电网运维安全性；AI fab智能制造与研发优化体现了智能制造在高科技企业中的创新应用，是高科技企业智能化生产流程再造、模式创新的代表，符合未来新兴工业生产制造的发展趋势，这一探索能够为智能生产制造积累宝贵的经验。为了能够更为深入地理解智能传播技术与模式在制造业治理场景中的创新应用，在此以上海电气集团股份有限公司（以下称上海电气）的工业互联网智能高端装备预测性维护为例做进一步分析。

一、制造业转型过程中面临的治理问题

上海电气的核心业务是围绕高效新能源的各种相关配套装备，能源装备销售额占整个集团销售总额的70%左右，工业生产正在向着智能化生产的方向发展、升级，“5G+工业互联网”由起步探索期迈入深耕细作期，为支撑制造强国和网络强国建设，提升产业链现代化水平，加快推进新型工业化汇聚越来越多的要素保障。在以上海电气为代表的制造业转型升级场景中，治理内容主要聚焦在依靠人工智能和工业互联网技术对高端装备进行预测性维护上，基于新技术探索模式形成高端设备、装备生产与维修的智能化方案，提升高端装备企业甚至整个行业运营的效率。这一过程中，高端、大型

装备本身具有很高的价值与成本，设备损耗、设备维修时间成本都是企业资产管理过程中的重要内容，“现有的维护策略多以定期检查或事后维修的预防性维护为主。这样的维护方式不仅耗费大量人力物力，而且效率低下，因此可以从物联网解决方案和数字化转型中获得很高收益”[①]。

二、本案例的传统治理方式

为了保证高端、大型设备稳定、长期运行，在传统的治理场景中基本依靠定期检查与维修管理，一方面侧重事前的预防，一方面侧重事后的维修。事前的定期检测一般以天、周、月甚至以年为单位，通过经验基础上的数据整理与检查来评估高端设备的运行状况，以此来决定高端设备是否需要进行维护；事后的维修管理则常常是在故障发生后的数小时后才着手进行，同时由于缺少高端设备故障发生时的详细情况，维修需要较长时间和较多人力。例如，一台风能发电设备经常是每天或每周进行一次检查，通过观察检测的信息来评估设备的运行状况，若各项指标较为合理、处于可控范围就算是检测合格，而只有风力发电设备出现明显的故障问题，才会出动相关的工作人员进行维修。在维修现场，需要监测大量数据，在详细分析后才得出解决方案，这一方式既费时又费力，同时存在着失败的可能性。由于这种事前的定期检测仅仅根据以往的数据和经验，很有可能无法做到及时的维护，或者会造成不必要的维护。

在上述以事前定期检测和事后维修为主的传统治理方式下，企业更多的是基于经验和检测数据进行判断和决策，这显然是基于经验的治理理念，这种治理方式存在不及时、不准确、效率低的问题。

---

① 石亚琼:《采用多传感器融合方案，「华控智加」看好高端设备预测性维护》(2020年4月6日)，36氪，https://36kr.com/p/666537668378369。

例如，上海电气集团旗下的上海三菱电梯。传统治理方式下，电梯一般会采用周检修、月检修等定期检测方式，在电梯发生故障后，通常需要相关单位报修才能开始维修工作，这样的检查维修不仅耗时耗力，而且不能使电梯使用保持长期稳定状态，检查的低效性和维修的滞后性是传统电梯治理的显性问题。在加装相关设备后，电梯的运行状况可以实时检测，这样就可以做到预防电梯故障和发生故障后及时维修，大大提高了运维效率，节约了时间和人力成本。传统治理方式的治理理念停滞在工业“不互联”的状态，即大型高端工业装备独立存在，不涉及数据及数据分析建模的过程，也就缺乏系统科学的维护理念。传统治理方式体现的治理理念仍是经验性的，其治理理念的思维是单一的、被动的、经验性的、滞后性的，不能适应现代工业制造发展的需求。

三、制造业场景智能产品的设计理念与形态

“智能传播驱动下的制造”场景依赖的是人工智能及工业互联网等高端技术，“工业互联网作为第四次工业革命的先导，已经成为中国工业高质量发展的新引擎”[①]，要明白本场景的治理目标，首先需要明确人工智能和工业互联网的定义以及它们的作用。工业互联网与工业人工智能两者之间有着内在的紧密联系，工业互联网是工业人工智能实现、发挥作用的重要基础与场景，“工业互联网通过智能机器间的连接并最终将人机连接，结合软件和大数据分析，重构全球工业、激发生产力，让世界更美好、更快速、更安全、更清洁且更经济”[②]，本场景即“工业互联网智能高端装备预测性维护”项目治理的主要目标是推动AI与工业互联网融合创新。上海电气在

① 任保平:《工业互联网发展的本质与态势分析》,《人民论坛》2021年第18期，第88页。

② 邱峰:《科普丨工业互联网基本概念及（七大）关键技术》（2022年8月20日），搜狐网，http://news.sohu.com/a/578501249_121123713。

这一方面投入大量精力、积极探索高端装备的互联网平台集成应用解决方案，即星云智汇工业互联网平台，这一平台具有形态成熟、功能稳定的特点，“星云智汇工业互联网平台将逐步从设备运维向生产管控、研发设计、服务增值全链条延伸，在助力集团内火电、燃机、风电、机床、电机、轨交、环保、分布式能源、康复医疗等产业的同时，对外赋能，以平台带动上海电气智能制造整体解决方案的输出”①。

“工业互联网的本质是通过开放的、全球化的工业级网络平台把设备、生产线、工厂、供应商、产品和客户紧密地连接和融合起来，高效共享工业经济中的各种要素资源”②。需要指出的是，工业互联网和工业物联网两者在学术上存在着差异，但在业界，这两者都强调网络与物的连接。本节从面向应用的视角，强调工业互联网结合人工智能应用对传统治理理念与模式的作用，弱化两者的差异，基于两者在智能化治理中的作用展开分析。基于上述探讨，“智能传播驱动下的制造”场景智能产品的设计理念是借助机器学习的算法，再结合工业互联网从传感器以及其他相关来源获取实时以及历史数据，来对机器的各方面进行预测，从而保证机器的有效运转和降低维修成本，这种理念是主动的、基于数据的、科学的和及时性的。

“‘风云系统’作为上海电气集团自主研发、采用先进的物联网技术结合多年技术积淀打造的一套风电全生命周期智能化管理平台，依托了先进的人工智能、大数据、云计算背景，开发了多项风力发电的大型高端装备”③，可以发现“智能传播驱动下的制造”场景解决问题的逻辑是基于智能设备所采集的数据进行预测性的管理和维护，

---

① 《【工赋引擎】星云智汇平台助力装备制造业全价值链集成创新》（2022年8月15日），上海观察，https://sghexport.shobserver.com/html/baijiahao/2022/08/15/826858.html。

② 蒋津津：《科技创新打造智创高地 宝安位列中国创新百强区第二》（2020年12月31日），南方都市报，http://epaper.oeeee.com/epaper/H/html/2020-12/31/content_39343.htm。

③ 新能源纵横：《上海电气：加快智慧转型步伐 驶入新兴工业赛道》（2020年4月20日），搜狐，https://www.sohu.com/a/389543176_190663。

这一逻辑是基于数据随时随地处理的，由此保证了高端装备的及时性、预测性维护，确保高端装备可以平稳运行、取得最大化效益。“智能传播驱动下的制造”场景的设计形态是基于面向高端装备的行业工业互联网平台的，因此其包括边缘层、基础设施层、平台服务层和应用层四层架构，同时还涵盖了整个工业系统的安全管理体系。

概括地来看，上海电气集团“智能传播驱动下的制造”场景治理方案形成四层架构，“边缘层通过大范围、深层次的数据采集，以及异构数据的协议转换与边缘处理，构建工业互联网平台的数据基础；基础设施层基于虚拟化、分布式存储、并行计算等技术，实现网络、计算、存储等计算机资源的池化管理；平台服务层基于通用平台服务叠加大数据处理、工业数据分析、工业微服务等创新功能，构建可扩展的开放式云操作系统；应用层形成满足不同行业、场景的工业应用和工业APP，形成工业互联网平台的最终价值”[①]。上海电气集团研发的工业互联网平台——“星云智汇”平台，“基于各产业的经验和实践固化为行业解决方案，打造了风电智能运维、火电远程运维、机床售后服务、储能电池综合管理、康复医疗机器人、环保分布式水处理系统等一批解决方案”[②]，在该平台内部新设了AI大数据“星·云智”模块，该模块可以为故障预测和诊断、运维策略、产品质量监控、能耗管理、生产工艺优化等多个工作场景提供数据价值展示和业务价值分析，这不仅降低了工业智能建模门槛，还有效提升了工业数据价值闭环效率，为企业工业智能体系建设持久赋能。因此，“工业互联网智能高端装备预测性维护”是通过工业互联网将高端装备的各项数据汇总起来，通过工业人工智能和算法等技术进行数据建模，并依靠建模作出设备维护和故障处理机制，通过

---

① 看航空:《工业互联网支撑航空智能制造快速发展》(2018年11月15日)，搜狐，https://www.sohu.com/a/275540657_115926。

② 刘锟:《加速高端装备企业向服务化转型，上海电气重磅推出“星云智汇”工业互联网平台》(2019年9月18日)，人民网，https://mp.pdnews.cn/Pc/ArtInfoApi/article?id=7641228。

提前根据设备的健康状况来安排生产任务、进行维修保养，从而保障高端装备的平稳运行。在这四层框架之下，高端装备的运维得到了实时监控，通过手机软件和电脑应用等进行操作，从而较为轻松简便地实现了预期的目标和功能。

四、智能化制造业治理界面功能如何实现

“智能传播驱动下的制造”在人工智能和工业互联网的基础之上，形成了数据采集、数据建模分析、运行状况监测、故障预测性维护和故障自动处理等功能。以上海电气集团为例。“星云智汇工业互联网平台已开发集成了设备联网、故障诊断、远程运维、能源规划等应用，已初步形成了风电智能运维、火电远程运维、机床维保、储能电池、分布式能源等行业解决方案”[①]，该平台针对电机等旋转类设备提供了AI智能诊断预测系统，可以随时查看来自设备的数据，做到电机状态的监控；预防性维护软件可以帮助维护设备，实现稳定的持续运营，确保合规并帮助提前解决问题，避免对生产造成消极影响，提升设备效率。上海电气“智能传播驱动下的制造”治理功能的创新体现在诸多细节上。比如，W4.XMW系列陆上风力发电机组，它是高性能的数字化机组，充分涵盖机组及核心部件的全方位智能监控技术接口，具备自适应自学习的智能发电技术、复杂工况穿越的智能降载技术、噪声管理及光影规避等环境适应技术，是可少人化管理主动运维的智能型风电机组，通过这些智能技术，企业可以基于数据进行远程的运维管理，从而保证该系列陆上风力发电机组的平稳运行。再如，在储能领域，上海电气集团也加入了预测性维护的方案，依赖云平台化的多功能管理、在线实时系统监控

① 葛俊俊:《上海电气：十余年磨一剑“星云智汇”夯实新经济“技术底座”》(2020年9月10日)，人民网，http://sh.people.com.cn/n2/2020/0910/c134768-34283710.html。

与优化，5G通信基站备用电源已经实现了远程故障诊断和预警功能，依赖工业人工智能进行预测性维护，努力做到免人工维护。

“在信息技术与产业融合发展的数字化时代，如何通过数字化技术实现转型升级及价值创造是企业创新发展面临的现实问题。”[①]“智能传播驱动下的制造”场景新功能的实现过程中，运用的智能技术是工业互联网的创新应用。在上海电气集团中，具体案例是以传感器、高端装备和互联网等相连接，进行数据的实时监控和采集，“传感器与工业物联网软件相结合，可以监测温度、振动和其他可能导致低于最佳运行条件的因素。通过确保机器的特定工作环境，制造商可以节约能源，降低成本，消除机器停机时间，提高操作效率”[②]。通过把生产过程中的每一个环节和设备变成数据终端，全方位地收集底层的基础数据，对这些数据进行更深层次的分析和挖掘可以提高生产效率并优化运营，由此把智能技术应用于工业生产管理的策略，在本场景中将物联网所收集到的各项数据传至云端，形成强大的数据库，从而为高端设备的预测性维护提供数据基础。上海电气注重数据传输技术的创新，比如采用MQTT_Qos1+消息队列技术（Message Queuing Telemetry Transport），其传输质量稳定，为操作者及设备提供了良好的数据传输通道，保证了预测性维护等功能的有效发挥，进而能够为数据分析创造条件，“可以实现多源异构数据的深度开发应用，从数据仓库中提取隐藏的预测性信息，挖掘出数据间潜在的关系，快速而准确地找出有价值的信息，有效提高系统的决策支持能力，从而使相应软件和应用的开发有据可依”[③]。三是5G网络的创新应用。高带宽、低时延的特点使得工业互联网的各个步骤可以良好高效地运行，在智能感知控制阶段中，传感器和无线

---

① 王玉荣、段玉婷、卓苏凡:《工业互联网对企业数字创新的影响——基于倾向得分匹配的双重差分验证》,《科技进步与对策》2022年第8期，第25页。

② 陈玲丽:《一文读懂：什么是工业物联网?》(2020年4月29日)，电子产品世界，http://www.eepw.com.cn/article/202004/412555.htm。

③ 喻维纲:《工业物联网智慧平台构建研究》,《中国设备工程》2020年第9期，第11页。

传感网络扮演着至关重要的角色，通过5G网络的高速数据传输，传感器可以监测工业设备的状态，实时接收控制指令并实现对设备的远程控制。四是软件开发和应用技术。在数据集成之后，上海电气集团在应用端开发了大量软件，员工可以通过远程操控这些软件来实现对高端装备的状态监测和及时调整，从而使高端设备能够被预测性维护。

上海电气集团星云智汇工业互联网平台可以为多个不同领域提供服务，包括火电、风电、机床、分布式能源、储能电池等，通过AI技术来提高这些领域的效率，降低运营成本。通过分层次、智能化治理“界面”的构建，参与治理主体在“智能传播驱动下的制造”场景中的关系也产生了变化，主要体现在四个方面。一是机器与机器的关系。我们能够以全新的方式将现实世界中的机器、设备和网络实现智能化连接，这种连接不仅仅是简单的物理连接，而且是通过先进的传感器、精确的控制器和高效的软件应用程序实现的深度融合和协调，软件应用程序作为连接各个部分的“神经系统”，确保信息在机器、设备和网络之间畅通无阻地传递，促进高效协作和流畅运行。这种连接方式提升了机器的效率和精度，推动了整个体系的智能化发展。智能化的机器不仅提高了生产效率，更引领了工业生产模式的创新与进步，这就是机器与机器的关系转变，从各自的独立于行变成了互相联通。二是人与机器的关系。随着机器、设备智能化程度的提升，人机交互方式的改变，人与机器之间的关系也从传统的机械操作，转变成为人机协同。三是人与单位的关系。通过建立员工之间的实时智能连接，能够有效地促进不同工作场所人员之间的紧密合作与协调，可以确保团队成员即时共享和交流思路、信息，从而大幅提高工作效率并降低错误率。在设备操作和维护方面，实时连接使员工能够迅速获得设备状态信息和工作指令，以更加准确和高效地进行操作，确保设备的安全稳定运行。通过建立员工之间的实时连接，能够实现更智能、更流畅的设计、操作和维护，使每个人变成了工作单位中不可或缺的一环，关系从杂乱变得有序和紧密。四是人和企业的关系。由于工业互联网、人工智能等高端技术的加入，企业对于人员的需求量和需求结构有了调整，例如“星云智汇”提供的一系列智能服务，部分化解了基层技术的用人压力，同时用人结构也更偏向高级技术人员。

五、智能化制造业治理界面的效果与问题

“智能传播驱动下的制造”场景中，新的智能产品和模式所产生的治理效果主要是基于人工智能及工业互联网技术的，因此其效果包含了设备数字化、机器智能化、故障预警化、生产效率提高、制造转型升级等方面。具体到“工业互联网智能高端设备预测性维护”的场景中，其效果主要是使高端设备与传感器等互相连接、高端设备运行状况数据实时化显示、对高端设备可提前进行故障预警，从而实现智能高端设备预测性维护，并降低设备检维修成本、提升设备资源利用率，进一步提高高端设备产生的经济效益。此外，在当今中国人口红利逐渐消失、劳动力成本提升的大背景下和劳动力短缺的情况下，这种新的模式可以大大缓解对基础技术人员的需求，也降低了企业的用人成本。具体到上海电气集团，“‘星云智汇’平台为风场资源选址人员提高了10%设计效率，实现设备资产全方位监控；平均降低15元/千瓦运维成本，提高了风场绩效管理；减少发电量损失2%以上，确保了设备的高效运转，提升了20%以上无故障运行时间”[①]，大大保障了高端设备的产出效益，可以进一步提高企业进行智能化转型的积极性。

不过现在的“智能传播驱动下的制造”场景应用仍然处于探索和初期应用阶段，还面临着严峻的挑战，仍存在着一系列的问题，

① 葛俊俊:《上海电气：十余年磨一剑“星云智汇”夯实新经济“技术底座”》(2020年9月10日)，人民网，http://sh.people.com.cn/n2/2020/0910/c134768-34283710.html。

包括但不限于三个方面。一是缺乏标准化的问题。在数据统一、平台统一、标准统一等方面存在困难。由于利用人工智能和工业互联网赋能工业制造仍处于初级探索阶段，很多技术应用缺乏统一标准与格式，在一定程度上影响了“智能传播驱动下的制造”场景创新的效率，例如，物理层技术如Sigfox和ZigBee，以及软件层如Weave和Iotivity，所有这些对于一个完全运行的工业互联网环境来说都是必不可少的，它们必须是可以操作的。二是与传统技术的集成问题。为了与崭新且复杂的工业互联网基础设施实现优质连接，陈旧的高端设备和老式机器或许需要进行适应性改造，目前在诸多工业领域、企业中均有传统设备仍在发挥着作用，传统设备在接入工业互联网的过程中将面临诸多问题。面对传统设备仍然能够使用、智能设备成本较高的矛盾，传统技术与智能技术的结合、兼容问题亟须得到有效解决，例如上海电气集团在数十年前开发的风力发电设备就存在着数据接入困难的问题。三是安全问题。一旦设备的信息暴露于互联网中，就面临着遭遇黑客病毒攻击的风险，如果工业数据被窃取，不法分子可能进行巨大的破坏，使工业系统瘫痪都有可能。因此，“智能传播驱动下的制造”场景的开发还任重而道远，需要长期的努力探索。

第三节　智能传播助力园区精细化治理：智慧园区启航

“智慧园区作为城市空间体系的重要组成部分，其智能化系统的规划设计应从全局出发，智慧园区智能化系统的建设不仅需满足园区自身的需求，还需为智慧城市的有效运营提供必要的技术支撑”[①]，

---

① 臧胜:《智慧园区智能化系统的规划及设计》,《现代城市研究》2017年第11期，第130页。

借助智能传播技术与模式更新园区设计、管理、运营理念与方式，可以说是当下园区发展的未来方向。智慧园区建设不仅需要探讨智能传播技术与模式如何应用于园区建设与管理，还需要把握智能化运营方式、管理界面的改变对园区各种主体产生的影响，这是智慧园区从形式化的技术应用到人性化智慧园区发展的基础。而智慧园区建设是一项系统化工程，并非仅仅做好智能技术的应用就意味着智慧园区的建成，“智慧园区是整合了数字园区、知识园区、生态园区、创新园区等理念的新型园区，是科技园区发展的新形态，它包含全面智能的基础设施、充足优质的人力资源、多元化的投融资体系、智慧高效的园区管理、体系完善的政策环境、高新技术的产业聚集等多种基本要素”[①]，我们需要在园区建设过程中统筹智能传播技术和模式与多种相关要素的优化与组合。在上海市发布的人工智能试点应用场景中，包括4个“智能传播驱动下的园区”案例，分别是第一批试点应用场景中的张江人工智能岛，第二批试点应用场景中的西岸传媒港开发建设有限公司（智慧化管理和服务）和网普物流装备（上海）有限公司（普洛斯智慧物流园区），以及第三批试点应用场景中的上海国际汽车城（集团）有限公司（无人驾驶规模化示范应用），在此将结合相关应用场景案例对智慧园区建设及这一过程中的智能治理界面相关问题展开探讨。

一、城市园区治理中的主要问题

园区能够实现各类资源的聚集，比如资本、技术、人才在优质园区的汇聚，由此能够具备实现经济增长、引领社会发展的功能，也正因此各类园区在我国城市化、城镇化发展进程中发挥了重要的

① 杨凯瑞、张毅、何忍星：《智慧园区的概念、目标与架构》，《中国科技论坛》2019年第1期，第115页。

作用。在当前的经济转型阶段，科技园区和产业园区扮演着重要角色，它们需要思考如何根据国家战略进行调整和升级，进一步推动经济高质量和可持续发展。而随着智慧城市的崛起，新一代信息技术如物联网、云计算、大数据的出现，为园区的发展提供了新的可能性。园区治理过程中会面临诸多问题，比如工业园区会涉及污水、废气处理，高科技园区要做好人才服务、产业咨询与成长引导，位于都市的园区要做好多方面的生活配套，偏远郊区的园区要做好交通规划等，这些园区建设中的"普遍性"问题都可以通过智能化技术与模式的应用得到解决，从而提升治理效率。

面对智能传播时代的要求，我国诸多园区建设中仍存在规划理念与方式维度的不足，比如园区运营管理者大多仅提供建筑空间、交通、水电等基础配套，各种数字化、信息化建设需要由各类企业单独设计、自行规划，这虽然有助于为隔离网企业保证自身信息化建设的个性化提供空间，但是也加大了园区整体信息化建设的成本，而且不同企业的信息化、智能化建设处于分离、孤立状态，不利于建设统一的数据平台与服务平台，这样也会导致各类企业与园区管理者之间信息化互通程度低，不利于整个园区的智能化建设，资源共享与信息交互成本高。此外，大量园区建设中存在业主性质、单元多元化，人流、车流复杂的问题，同时传统的园区管理大多限于安防、消防、物业等基础层面，在园区空间优化、高效节能、产业服务等方面发挥的作用有待提升。

"目前智慧园区缺乏统一的建设要求、建设原则和建设标准。传统建设原则聚焦于简单的提升单个设备性能，分散孤立的建设过程难以达到高度集成化、智能化的效果，智慧园区的协调力和智能化得不到有效提高"①，可以说，无论是在基础的园区规划与服务方面，还是面向未来的信息化建设等方面，园区运营与管理都有诸多

① 韩存地等:《基于物联网平台的智慧园区设计与应用》,《微电子学》2021年第1期，第146页。

可以优化的地方。以信息化建设为例。园区信息化初期主要围绕IT应用进行，涉及OA等简单IT应用，在逐步发展过程中陆续建设的众多子系统彼此独立，未实现互联互通，由此引发了一系列问题，包括服务体验不佳、管理效率低下、运营成本高昂以及安全保障薄弱等。“如何通过AI技术为载体，打造数字化平台，实现园区的智能安防、融合服务、高效管理、增值创收已经成为亟待解决的痛点问题”[①]。

二、城市园区的传统治理方式

传统型园区经济主要由政府主导建设和开发。二十世纪八九十年代为中国园区发展初期，由国家和各级政府主导的园区运营模式能赋予开发区自主权和不同类型产业扶持优惠政策。在我国早期的园区规划与建设中，前期规划、中期运营到后续发展基本由政府投资，同时其行政管理职能也由政府承担。1984～2003年中国创建的绝大多数开发区都采用政府包办和主导这种政府主导运作模式。该运作方式通常为用一套班子挂两块牌子，一块为国有性质的开发区建筑和管理公司，一块则是开发区管委会。从早期的深圳蛇口工业区、北京的新技术产业开发试验区（现中关村国家自主创新示范区，下称中关村科技园区）到21世纪初随着“西部大开发”战略批准设立的17个开发区，其建设和发展无一不是由政府全程主导和运营。政府不仅要服务好群众，也要服务好企业主，及时帮助解决企业合理的诉求，提供能适应企业裂变发展的服务；既对产业图谱及产业链上下游加强分析，围绕精密铸造产业精准对接，精准招商，也要为企业成长、发展提供助力，帮助企业乃至产业的持续发展。

---

① 郭辉:《AI上智慧园区》,《中国公共安全》2019年第9期，第42页。

在此以具有代表性的中关村科技园区为例分析传统园区建设与治理中存在的问题。中关村科技园区属于初代园区中比较有代表性的园区，中关村区域及其周围100平方千米左右区域都为其政策区范围。从最初的电子一条街到现在的“一区多园”发展模式，中关村科技园区为首都经济发展作出巨大贡献。虽然早期的电子街为企业自然集聚形成，但之后中关村科技园区的规划和建设都是由政府主导。该模式能为当时尚处于寻路阶段的中关村科技园区较快引进外资和其他资源，且利于资金和资源的统一规划、布局、分配和利用，同时为20世纪90年代到千禧年初中国其他地域的园区筹划和管理提供有效借鉴。虽然由政府统一聚集调配资源的模式确实对其先期发展起到了助推作用，但其规模逐渐扩大和承载功能增加，以及交错纵横、复杂冗余的行政管理体系在一定程度上增加了园区运营的成本。中关村科技园区范围内十六个子园区的审批职能都划归给其所在各区、县政府，中关村管委会的职能范围仅涵括调研规划和统筹协调园区发展事宜，对园区并未有统一管理权限，这种管理方法使园区之间缺乏有效交流和协作，不利于资源和人才共享，且各自为营。

从园区与周围环境的关系和互动程度来看，中关村科技园区在与周边环境互动中也有很大的局限性。就其规划机制分析，中关村科技园区所处地理位置在1988年进行试点改革前并非北京市中心城区，但随着首都地价不断攀升，人口密度上涨，该区域已成为城市核心地带。而让园区企业和周边居民共享城市基础设施和配套服务只会加重该园区和附近区域公共资源的承载负担，造成区域赋能重叠问题。同时，城市内的园区开发空间变得极其有限，只能向首都郊区迁移，但周边区域针对园区服务的基础设施、公共服务体系等却远不如城市完善，这会对入驻企业形成阻力且造成额外运营成本，如员工住宿、通勤等。在中关村科技园区发展的过程中，由政府主导带来的强干预对园区的发展产生了较多的负面影响，如园区的灵活机制弱化，无法迅速对各种变化作出反应，迁移或分割都受到较大的限制。因此“一区多园”模式在空间布局战略考量上，需要面对超大城市建设的新问题、新趋势以及智能传播时代的新要求、新环境，从治理思路、治理方式等方面思考创新路径。

此外，政府主导运作模式的另一问题在全国范围内也开始显现，即开发区的严重泛滥和高度同质化建设。21世纪初，上至省市，下至县城，几乎各级政府都纷纷投身开发区建设浪潮，兴建各类开发区。这种同质化不仅会导致恶性竞争，而且会造成资源浪费。“园区产业主题、发展方向的定位宽泛会影响后期可持续竞争力的形成，也可能会与周边园区产生同质化竞争，但是如果定位过于聚焦也会面临招商引资、企业引培的压力”①。在未来的园区规划与发展中，除去侧重产业转型、弱化中小资本的地位、引进更多跨国企业、吸引大额度投资等发展策略，政府和企业都开始重审其在园区发展过程中的角色定位，力求转型突破，“通过提升区域内协作效率，可以强化创新空间与产业功能上的互补，促进创新价值链与产业价值链的结合，同时避免各园区在创新上的无序竞争和产业上的同质化竞争，实现区域经济联动发展”②。

三、智能化园区治理界面的层次及设计形态

设计并实现智能化园区治理界面，总体目标是通过物联网采集、自动化汇总、智能化分析等先进技术，构建一个全域感知、智能分析、智慧管理的园区综合管理平台，实现园区态势多维呈现、园区安防智能预警、人车目标定位追踪、重点部位动态感知、大众服务

① 柯敏、于晶、林锋:《杭州产业园区发展面临的五个问题》,《杭州》2021年第8期，第44页。

② 刘娟、王晓霞:《“十四五”时期国家高新区高质量发展路径研究——以河北省为例》,《治理现代化研究》2021年第3期，第38页。

共享便捷。整体来看，智能化园区治理界面的系统框架可以根据功能分为感知层、传输层、平台层和应用层四个层次。感知层主要发挥各种来源数据的采集功能，通过各种不同智能终端设备采集各类音视频、状态参数等数据，并通过不同的网络通道汇聚到平台层。传输层主要承载数据的网络传输功能，通过安全隔离设备实现互联网、物联网以及涉密内网的跨网数据交换，在保证涉密信息安全的前提下实现三网逻辑融合，为智慧园区所需的跨网业务交互提供可靠支撑。平台层主要承载数据的汇聚存储、云计算及大数据处理的功能，能够实时处理感知层汇聚来的全量数据。在底层云平台提供的弹性计算和存储能力的支撑下，通过大数据分析处理技术和人工智能算法提供各类智能数据处理服务，为智慧园区业务提供关键的业务能力支撑。同时，在边缘节点，通过轻量化处理平台和物联网设备为前端联动控制和即时响应提供支撑。应用层主要承载基于云平台的业务应用功能，在平台层的业务能力支撑下，应用层提供园区安防管理、人员管理、车辆管理、动态监控、智慧服务和态势综合展现等业务功能，为智慧园区业务提供敏捷灵活的应用前台展现和人机交互能力。整个系统的建设过程中，标准规范体系、运维保障体系将对系统的质量及服务保障提供强有力的支撑，信息安全防护体系为系统的安全运行提供可靠的防护屏障。

数据流程是贯通上述几个层次的关键内容，基于多种智能化传感设备，能够在感知层实现多种类型数据的采集，感知层中的园区安防、人员管理、车辆管理、动态管理和智慧服务等分系统采集的互联网和物联网内的各类音视频、访客信息以及状态参数等数据，通过单向光隔离设备从物联网传输到内网。而平台层对非结构化信息通过相关智能识别算法识别出结构化信息，会同物联网采集的各类结构化信息进行大数据库分析统计并存储到分析型数据库，供应用层综合应用平台进行信息展示。同时，非结构化信息可直接提供给应用层综合应用平台进行实时图像存储区域，为综合应用平台提供历史视频图像查询。内网进行数据处理后，将控制指令信息和访客身份比对结果等通过二维码隔离设备回传至物联网，进而对相关摄像头、闸机和智慧服务相关业务进行联动控制，实现信息安全有效交换。

在面向园区治理的智能产品设计形态方面，智能传播技术与模式基于互联网、物联网、内网等不同的连接网络，逐步设计出了智能化的网络拓扑结构。智慧园区网络涵盖互联网、物联网和内网，物联网为单独构建，物联网与互联网间物理隔离，形成网络拓扑结构。互联网用于发布园区非涉密公共服务信息，同时将移动终端APP的访客身份信息等导入物联网，互联网与物联网间的数据交互通过二维码隔离系统保证安全。物联网将采集到的实时信息数据，如视频流、人脸识别、周界安防、动态系统的水/电/煤气等信息，安全日志信息，来自互联网的APP访客身份信息等，通过单向光隔离设备导入内网，再按照信息类型进行分发，实现信息的高效安全交换。内网进行数据处理、存储并进行显示，对来自物联网的视频、照片和动态等实时数据进行处理和比对，将控制指令信息和访客身份比对结果等回传至物联网，这些控制策略通过二维码隔离设备传输至物联网，实现信息安全交换。对于网络中的安全设备和涉密信息的安全防护需求，须部署安全管理和审计、接入认证以及网络监测分析等系统，采取身份认证安全审计手段，对设备进行统一配置和集中管理，汇集上报日志，采用探针技术对安全事件进行报警、预警和分析，实现多个网络间的数据交互和边界防御的统一安全管理。

基于新型的网络拓扑结构，多种智能产品能够实现形态互通、功能互补，形成智能化园区治理界面。智能化园区治理界面大多由大数据云服务中心、综合应用平台、态势显示系统等部分组成，而且充分考虑当前需求和未来的发展，平台应能适应于现有系统的集成和未来系统的扩展，实现数据的汇聚、共享和挖掘。智能化园区治理界面大多需要以大数据云服务中心作为核心节点，用以储存各种业务应用、智能设备产生的数据，支持各种基础设备与平台的智慧化运营；综合应用平台能够基于大数据云服务中心为园区各种应用场景提供功能支持，以数据驱动为基础提供智慧化服务，对园区安防、人员信息、车辆信息、动态监控、智慧服务等各项应用进行集中综合管理，为园区提供一个统一的、可视化的、共享的综合管理平台；态势显示系统主要完成智能化园区治理界面所有业务信息和视频图像显示，包括大屏幕显示和大厅扩音系统，其中监控中心作为整个园区监控系统的总控室，是园区进行人员管理、处突指挥、日常值班等工作的核心场所，能够通过大屏幕实现园区各种系统信息的实时呈现，为准确掌握园区各种动态、作出科学及时反应打下基础。比如能够通过物联网、云计算、大数据和人工智能等先进的信息化、智能化技术为园区打造一体化的车辆通行管理平台，以实现厂内车辆通过车牌自动识别快速进出，减轻拥堵；还能够实时监控各路口通行情况、远程稽核，实现高效数字化运营、车辆流量统计分析、车辆告警分析，对园区内的车辆事件提供可追溯的记录。

四、智能化园区治理界面功能的实现

“利用物联网、人工智能、大数据、云计算和三维可视化等先进互联网技术和产品，可以实现以园区智慧化管理系统为核心的‘管控一体化’综合智慧园区系统设计技术”[①]，智能化园区治理界面构建中基于各种智能产品能够实现的基础性创新功能体现在园区安防、人车管理、动态监控、智慧服务等几个方面。智能化园区治理界面

---

① 韩存地等:《基于物联网平台的智慧园区设计与应用》,《微电子学》2021年第1期,第146页。

的安防功能能够摆脱仅靠人力安防的传统模式，在安防理念、安防方式方面均实现了智能化转型升级，“利用智能和泛在网络技术构建一体化全方位综合实时安防系统，全面保障人类衣、食、住、行等密切相关的生活安全，有望对人类未来智能生活的理念和模式产生重大影响”[①]。目前智能安防领域已经出现了诸多成熟的产品或系统，能够根据不同园区安防的需要进行选择与应用，通过视频监控、智能识别与巡更、智慧报警等方式，实现对园区不同空间与场景的全方位、全时段监控与安全预警。智能化的人车管理是通过构建统一的人员车辆出入管理服务体系，实现对进入园区人员来源的精确认证、出入场所授权、门禁联动控制、行为轨迹可查，确保人员进入园区和重要场所可控可追踪，同时通过引进车辆认证、超速抓拍和停车导引等功能，确保车辆进入可控和停车有序。智能化动态监控对园区现有供电、供暖、燃气等设备设施的重要节点及机房动力环境监控系统，能够实现自动巡检、无人值守、自动报警等功能。智慧服务通过建设智慧交通系统、绿化灌溉及音箱系统，研制手机APP和微信企业号，部署共享单车和摆渡车，布设公共区域、办公区无线接入设备等，构建集信息发布、智慧调度、综合管理等服务于一体，人、物、环境协调运行的服务系统，为园区工作人员提供公共便民智慧服务。

智能化园区治理界面的创新功能也是通过各种智能技术的应用实现的，通过信息技术和各类资源的整合，促进企业内部运营的优化，并提升整体工作效率，为园区的创新、服务和管理能力提升提供了有力支持。通过构建数字化管理平台，园区管理能力得到增强，实现精细化、智能化管理，信息技术和资源整合为园区打造了超强的软实力，使园区能够在竞争市场中脱颖而出，持续稳定发展。比

① 陶永、袁家虎、何国田:《面向中国未来智能社会的智慧安防系统发展策略》,《科技导报》2017年第5期，第82页。

如在智慧园区车辆管理过程中，智慧园区车辆管理系统通过视频图像结构化数据与不同业务系统数据的融合关联、碰撞比对，建立了“一车一档”档案，涵盖车辆的基础信息、关联车辆信息、活动轨迹等信息。系统基于预置关联规则，利用大数据挖掘技术，分析车辆行动轨迹，研判行为规律，形成基本的人物画像、车辆画像，对相关联的人、车、物等元素进行多维度的综合研判。智慧园区车辆管理系统实现了各个子系统对所有关注事件进行数据、图像的有机整合，为管理决策实现了数据、图像同时展现关键视频录像和数据叠加的事件呈现。对于智慧园区建设而言，物联网技术起着极其重要的作用，传统停车是靠人工来管理车辆，每一辆车就是一个孤立的数据，而基于物联网可以实现管理系统与每台车辆、不同车辆所载物品的智能互联，基于数据分析与处理实现车辆应用场景中的各种智能运营与管理。智慧园区建设不仅涉及物联网、云计算和大数据等主流技术，还包含了许多其他关键技术，比如GIS技术用于地理空间数据的采集、存储、分析和可视化，为园区空间规划提供重要依据。再如BIM技术通过数字化建模，实现建筑物全生命周期的信息管理，提升建筑效率。由此能够提升园区智能化管理的可视化程度，提高人机交互的效率。除此之外，园区停车系统还综合运用了车牌识别技术、RFID技术、NB-IoT技术等，“使停车设备直接联网，把信息源源不断传输给网络平台，网络平台接收信息并分析数据，从而提供有效的判断”①。

通过构建园区安防、人车管理、动态监控、智慧服务、智慧管理平台等系统，实现对园区内重点部位、场所、设备设施的信息采集、实时监控和无人值守管理，对园区人员、车辆实现智能化管理，园区管理者能够更为便利、及时地把握园区各种场景的动态发展，

① 《智慧停车无人化运用到哪些物联网技术?》(2018年8月8日)，中国安防展览网，https://www.cnaiplus.com/a/media/643215.html。

能够大幅提升各种资源、人员的沟通、调度效率，为园区内工作人员日常工作和生活提供了便捷的条件，园区的管理部门、企业、合作单位形成了良性互动。

五、智能化园区治理界面的效果与问题

各种智能传播产品及方式数字化智能化的应用，不仅能够提升园区的基础服务能力与水平，还能够为园区内不同主体、企业之间的相互沟通、深层互动，形成园区内的集群发展效应创造条件。比如，很多园区通过将智能化改造应用到园区综合管理环节，能够实现园区内不同企业之间资源互补、改善供应链环境、实现生产运营智能化、保障系统智能化等。在供应链智能化方面，传统形式的供应链存在的最大问题是客户与供应商之间的沟通效率低，客户的需求传达到供应商需要一段时间，供应商的反馈也存在着延时，低效率的供应链不利于企业生产，而智能化的供应链改造能够基于预测模型和计划优化模型，自动制定并实现集团最优采购、生产和销售计划。例如，新安集团在成功实施马目智慧园区之后，需求预测超过200个牌号产品，大类预测准确率超过75%。

生产运营智能化方面，“在数字化车间，生产链条的各个环节都进行积极的交互、协作、赋能，提高生产效率，在智能化生产线上，形成了人机协同的共生生态”[①]。生产运营是大部分园区的核心功能，其智能化将驱动生产流程不同环节逐步提升智能化程度，园区生产管理与日常运营方式也必须发生相应的改变才能适应智能生产的需要，“通过智能生产设备，把上千个参数传入‘工业大脑’，通过人工智能算法，对所有关联参数进行深度学习计算，在生产过程中实

① 余建斌:《人民日报人民时评：智能化，释放发展新动能》(2020年07月13日)，人民网，http://opinion.people.com.cn/n1/2020/0713/c1003-31780182.html。

时监测和调控变量，最终将最优参数在大规模生产中精准落地，大大提高生产的精益化水平”[①]。保障系统智能化方面，智能化园区治理界面能够提供涉及日常安全、应急安全和综合监控方面的安全管控手段，将隐患排查、安全报警、作业管理等安全管理模块通过智能平台进行业务互动，园区各安全日常业务均在移动端进行体现，使管理人员能够在远程完成对安全业务的监管和工作安排；安全信息实时监控保障园区实现安全稳定的生产，安全作业实现在线闭环管理，并通过将应急预案、应急物资、危险源以及视频探头等信息与移动终端集成，实现了应急处置的协同联动与快速响应；智能少人化的仓储物流建成无人值守地磅、车辆动态跟踪和自动立体仓库，实现了从车辆预约、入厂、过磅、装卸、入库到车辆出厂全流程的无缝衔接与业务协同，降低了人工劳动强度与人员需求，大幅提升了物流周转率。当然，智能产品在园区治理中的创新应用及模式升级仍然存在诸多问题。比如，在园区安全方面，“视频监控大多还停留在出了意外‘事后查证’的阶段；周界报警系统误报率高，风吹草动就报警让人不胜其烦；设备传输布线复杂，运维费时费力；门禁通行设备识别率低、响应迟钝、成本高”[②]。

整理来看，当下智能产品界面在园区治理的应用中仍然存在的问题可以从以下三个方面予以概括。

第一，目前“智慧园区”建设成为各个园区的“标配”，但智能产品应用的论证与规划要更为科学、严谨，有的园区为了“智慧”而“智慧”，导致智慧园区的建设成为“噱头”；而且面对当下园区建设的“热潮”，很多地区的园区规划迅速上马，智能传播技术与模式的应用大多是借鉴其他园区经验或经过概念论证之后的智

① 李拯：《人民日报人民时评：新制造，让生产更加智能化》（2019年5月28日），人民网，https://opinion.people.com.cn/n1/2019/0528/c1003-31105577.html。

② 周翔：《5G+AIoT时代　智慧园区的发展机遇与挑战》，《中国安防》2020年第3期，第66页。

能应用方式，存在较大的试错成本。许多所谓的智慧园区项目，其实只是简单地增加了温度、湿度传感器，实现了一定程度的数据可视化，或是搭建了一些园区IT系统，这些举措虽然在一定程度上提升了园区的智能化水平，但很难说真正实现了智慧园区的核心理念。然而，由于智慧园区的概念热门，这些项目也被冠以智慧园区之名，以吸引眼球和资金支持。这种做法可能会导致智慧园区建设的表面化和泛化，忽视了智慧园区的本质和深层含义。由此导致在很多园区中，智能产品被用来“装样子”，并未在园区运营与管理中发挥应有的作用，即使是在智能产品应用比较成熟的园区安防领域，也存在传感器、监控设备应用科学性低、有效覆盖比率低等问题，仍有很多仅仅在重点区域布局摄像头、传感器，并未通过智能设备构建有效的报警、安防机制，这样一旦真正出现安全事故或危险信号，便很难作出及时、高效的反应。如果智能安防设备不能在园区中真正发挥作用，那对于智慧园区建设反而是一种巨大的“智能化”浪费。

第二，要预防信息与数据孤岛问题的出现。一方面，“我国园区发展进程加快，衍生出的园区信息‘孤岛化’，各园区的最新信息不能共享，匹配标准下降、整个系统的整体衔接难以实现，智慧化应用水平低等，各大数据资源共享方面存在瓶颈”[①]。目前一些园区中不同企业、不同场景中的数据存在孤立、格式不统一等诸多问题，不利于高效数据分析。另一方面，信息、数据孤岛的存在还会导致不同场景中数据不断沉淀、堆积，大量不能被用作大数据分析“原料”的数据长期堆积会给园区信息化、智能化系统运营造成较大的压力与成本。

第三，在部分智能化园区治理界面构建过程中，随着智能产品

---

① 张孝倩、肖新等:《基于信息化视角下智慧农业园区发展对策与研究》,《赤峰学院学报（自然科学版）》2019年第10期，第123页。

的应用，人反而更忙了。这一问题的出现反映了智能化园区治理界面构建过程中需要避免的一个误区，即智能传播技术与模式的应用会存在一个“人机”磨合的过程。部分智慧园区在应用各种智能产品后，实现了数据化、智能化治理界面的打造，但是很多设备还需要员工通过移动控制终端维护与管理，导致员工更加忙碌。所以，如何提升人机协作效率，降低员工工作强度，也是智能化园区治理界面构建中需要解决的问题。

第四节　智能传播赋能农业治理：科技助力农业振兴

“农业代际演进是一个漫长的过程，现代技术的不断演替是推动农业产业从较低代际朝向较高代际转变的重要推动力”[①]，农业在我国国民经济建设、社会发展过程中有着基础性的战略地位，我国重视农业现代化建设，从政策引导、资金支持、技术应用等诸多方面对农业予以倾斜，不断提升农业现代化水平是推动农业发展的必由之路。“发展智慧农业有助于我国农业发展方式转型、改善传统农业生产模式及服务方式，解决环境污染问题，推动农业可持续发展”[②]，在上海市发布的第二批人工智能应用示范场景中，金山亭林镇周栅经济合作社（周栅智慧农村）便是智慧农业、智慧农村建设的代表场景。本节通过对各种智能产品在农村建设、农业发展过程中的应用，思考农业领域的智能化治理界面如何构建，探讨如何基于智能传播驱动农业发展。

---

① 吴丽芳:《基于智慧时代的农业4.0模式及发展策略研究》,《农业经济》2021年第5期，第9页。

② 何海霞:《互联网时代我国智慧农业发展痛点与路径研究》,《农业经济》2021年第6期，第15页。

一、农业治理中的主要问题

我国是一个农业大国，农业生产结构涵盖农、林、牧、副、渔等多种形态，又因我国人口基数大、人均耕地资源相对少，粮食生产长期以来是我国农业发展中的重点。我国用全球7%的耕地养活将近20%的人口，在农业发展方面已经取得了令世界瞩目的成绩，但是也存在诸多仍需关注与解决的问题。

第一，耕地资源约束。这是我国农业治理需要解决的重要问题，众多的人口与相对较少的耕地面积形成矛盾。“当今世界正面临‘百年未有之大变局’，中国与全球的粮食安全面临重大挑战”①，耕地资源紧张与粮食安全问题的重要性之间构成矛盾，是我国农业发展过程中必须面对的问题，“在今后一个相当长的时期内，中国粮食安全治理必须高度重视并处理好国家目标与主体期望的关系、耕地红线与人口底线的关系、长期挑战与远景战略的关系、肯定成绩与反思失误的关系”②。

第二，农业劳动力结构变化。近年来我国农业劳动力结构变化明显，随着城市化、城镇化的高速发展以及交通条件的大幅改善，大量年轻劳动力脱离农业生产场景，“由于‘拉力’效应（交通设施改善对农业劳动力的吸引效应）的存在，交通设施改善引致的非农产业发展和流动成本下降，可能导致当地农村的农业劳动力大规模流失，尤其是在人口流出大省和边缘地区。这可能加剧县域的农地抛荒和农村农业发展‘空心化’等一系列潜在风险”③。由此带来农业劳动力结构产生比较严重的老龄化、女性化特征与趋势，也就是常

---

① 陈秧分、王介勇、张凤荣等:《全球化与粮食安全新格局》,《自然资源学报》2021年第6期，第1363页。

② 胡岳岷:《中国粮食安全治理：重大问题与远景战略》,《西北大学学报（哲学社会科学版）》2021年第4期，第43页。

③ 张军、李睿、于鸿宝:《交通设施改善、农业劳动力转移与结构转型》,《中国农村经济》2021年第6期，第43页。

说的“妇老农业”问题，妇老农业还会引发农业劳动力成本提高等一系列问题。

第三，环境因素制约与自然灾害影响。长期以来我国农业生产过程中存在化肥、农药使用不当或过度等多种污染环境的问题，“在农业工业化生产模式下，农业生产能力的提升和农业技术的发展均是以资源的大量消耗和化肥、农药等的大量施用为依托，由此引发了一系列农业污染问题和土地退化问题”①。面对生态环境保护的任务，环境成为农业能否实现现代化、智能化、生态化转型的重要因素。在农业发展过程中，从政策制定到具体的农业生产都需要考虑生态环境的要求，比如，“农村土地流转背景下，农地流转促进了农民固化资产的流动和土地流转经营主体利益的最大化，但在利益最大化的背后，农地流转方式、利用行为也使土地生态环境遭到破坏”②。此外，我国存在比较严重的农业灾害现象常年因为自然灾害造成大量粮食损失，“十年致富奔小康，一场灾难全泡汤”，这句话形象展现了农业生产者在面对自然灾害时的脆弱无力。各种病虫害也会对农业生产造成直接影响与危害。

根据以上的治理需求分析，可以将智能传播驱动下的农业的治理目标概括为以下三个方面。

第一，提高农业生产效率，补齐耕地资源短板。在土地资源和劳动力资源限制的情况下，智能传播驱动下的农业所需要实现的治理目标就是以智能机械代替人力劳作，并在有限的耕地面积上生产出更多的作物，从而实现农业生产的规模化、集约化，由人工智能带动农业从低效的传统产业向高效的现代产业转型。

第二，实现农业精细化。精的要求体现在通过数据化、智能化

① 纪荣婷、张龙江:《推进农业工业化治理水平和治理能力现代化》,《环境保护》2021年第1期，第16页。

② 王玲、魏丹丹:《农村土地流转中环境问题的法律规制》,《济南大学学报（社会科学版）》2021年第3期，第14页。

管理提升农业生产的科学性。例如，浇水量和农药使用量方面，在节约资源、不造成浪费的同时，又避免环境污染。细的要求体现在人工智能可以通过技术手段实现对农作物的个性化管理。也就是说，针对不同种类、不同地区的农作物，最大程度地满足农作物的生长需求。

第三，推动农业产业链的升级与改造，带动我国农业产业链不断延伸与健康发展，最大化地发挥人工智能在农业治理领域的应用。

二、农业的传统治理方式

“纵观世界农业发展史，经历了1.0（以人力与牲畜力为主的传统农业）、2.0（以机械力为主的规模化农业）、3.0（以全程自动化装备为主的自动化农业）、4.0（以新一代信息技术为主的智能化、无人化农业）4个发展阶段”①，党的十九大报告明确要发展农业4.0②。如果说农业4.0代表着智慧农业的发展方向与趋势，那么在我国很多农业发展与治理场景中，农业1.0、农业2.0、农业3.0的存在则在一定程度上代表着传统农业治理与生产方式仍在发挥着作用。

农业1.0单纯依靠个人体力劳动作为生产力，因此生产规模相对较小，生产技术较为落后，抵抗自然灾害的能力也较差，在我国部分落后地区仍然少量存在。在这一阶段普遍面临着粮食短缺的问题，因此农业生产以自给自足的水稻、小麦等农作物为主，商品经济属性较弱。为解决粮食短缺的问题，这一阶段的农业治理以追求高产量为目标，虽然比不上现在大面积、规模化的大型农业项目，但也为我国农业产业化的发展奠定了基础。

---

① 李朋来：《向农业4.0时代迈进中的我国精准农业发展制度供给研究》，《科学管理研究》2020年第1期，第119页。

② 《习近平在中国共产党第十九次全国代表大会上的报告》（2017年10月28日），人民网，http://cpc.people.com.cn/n1/2017/1028/c64094-29613660.html。

我国当下大部分地区已经实现了农业2.0机械化、规模化生产，用机械工具代替了人力、畜力生产工具，从落后的生产方式向较为先进的工业化生产方式转变，改变了“面朝黄土背朝天”的农业生产条件。这一阶段在农业1.0的基础上，将治理目标提升为追求高产值，主要体现在农产品加工企业和食品制造企业向产业上游延伸，例如中粮集团和汇源果汁等企业。在一定程度上可以说，我国目前主要处于农业2.0时期，虽然这一阶段的机械化生产在一定程度上缓解了粮食短缺的问题，但我们发现机械化生产仅仅是提高了农业生产效率，并不能从根本上解决上述提到的农业治理过程中的痛点问题，因此农业2.0阶段仍属于农业传统治理时期，仍需要尽快实现向信息化农业、智能化农业方向的发展与进化。

农业3.0主要是指信息化农业，“随着对农业认知从生产功能向社会、生态多元复合功能的转变，农业信息化诉求随之提升，我国农业农村发展战略及时调整引导，在粮食安全、资源效率、生态安全保护寻找平衡点和支撑点”①。这一时期可以说是智能传播驱动下的农业的预备阶段，目前我国已有一部分地区进入了农业3.0阶段。在这一阶段，信息技术将成为主导核心，和传统治理时期的人力生产、机械化生产相比，农业3.0的突出特点就是其自动化程度高，劳动工具从实体的人力、畜力、机械工具转变为虚拟的信息技术，初步实现了农业无人化生产。

农业4.0，即农业治理的更高级阶段——人工智能与农业治理相结合，这一阶段涉及的技术应用有云计算、物联网、AI、机器人等，通过信息和网络技术将农业治理过程中的耕地、劳动力、环境资源进行整合管理，其中所有的过程都是可预测、可控的，由此真正实现了农业无人化、智能化。和先前的农业1.0、2.0、3.0相比，农业

① 张漾文、苏腾、张晶、刘烜赫：《新时期我国农业信息化工作战略目标、关键任务与政策路径》，《农业经济》2021年第6期，第9页。

4.0的优势体现在，它理论上可以解决上述提到的所有农业治理过程中的痛点问题。例如，通过无人化作业解决劳动力匮乏的问题；通过精细化生产解决农药滥用导致的环境问题；通过大数据分析预测感知并有效预防灾害对农业的危害。纵观从农业1.0到农业4.0的发展进化历程，除了农业3.0和农业4.0在一定程度上存在交叉，因为信息化农业是智能化农业的重要基础，智能化也是部分信息化农业的重要特征，但是在农业1.0和农业2.0生产场景中，信息化与智能化程度比较低，即使是在机械化的农业2.0阶段，农业生产中的很多问题还是需要通过人工操作的传统方式解决。

三、智能化农业治理界面的设计理念与形态

“发展智慧农业还可以解决传统农业功能单一、附加值不高等缺陷，不仅可以发挥传统农业的生产功能，还可以外延其生态功能、文化功能、休闲功能等其他功能，协调第一产业和第三产业发展，不断提升我国农业服务水平”①，关于智能传播技术与模式是如何解决农业治理过程中的问题并体现预期的目标、功能，实现智能化农业治理界面构建的，在此结合以下四个案例进行具体分析。

第一，水木蔬菜工厂。水木蔬菜工厂是由北京水木九天科技公司自主研发的一个智能植物工厂，它可以全年度连续生产蔬菜，突破了传统农业生产中的时间、空间限制。该工厂的核心思想是通过蔬菜种子自身的生长特性，建立起适合作物生长的完全可控的环境体系，实现作物生产的工业化、标准化、规范化。目前，水木蔬菜工厂已经完成了西红柿、茄子、黄瓜等农作物的种植模式研究，这一工厂就是人工智能在农业领域的应用的集中体现，它采用大数据技术建立了规范

① 何海霞:《互联网时代我国智慧农业发展痛点与路径研究》,《农业经济》2021年第6期，第15页。

化的管理模型，虽然模型的建设需要耗费大量时间、金钱，但从可持续发展的长远角度来看，一个规范化的模型可以保证农产品的质量，降低劳动力、管理所需的人力成本。不仅如此，工厂研发的模型还具备了人工智能的基本学习能力，它可以根据往年的气象数据和作物生长周期进行学习，使得模型不断完善、趋于成熟。

与此同时，水木蔬菜工厂还配备了特定的传感器和监视器，在农作物生产过程中，可以随时对浇水、施肥、光照能源以及人力分配等进行调控；在运输环节，通过对农作物的远程监控，消费者可以看到一颗种子从诞生到作为农作物被出售的全过程，从而消除了大众对于食品安全的担忧和顾虑，而这一过程的可视化就是运用了人工智能中的物联网技术。

第二，京东农牧“猪脸识别”技术。2018年12月，京东农牧与“精气神”养殖场联合推出了中国首批AI养殖基地。随后不久，阿里集团、网易也相继推出了与之相似的智能养殖方案。由此可见，智能传播技术与模式在农业养殖中的应用具有很大的发展空间和经济价值。在智能养殖园区内，智能传播技术与模式的应用体现在方方面面。例如，巡检机器人、饲养机器人、3D摄像头等智能设备就是运用了神农大脑和神农物联网技术，这些智能产品所实现的功能在传统农业治理中是难以想象的。首先，猪脸识别技术的应用。人脸识别我们并不陌生，而猪脸识别其实和人脸识别一样，已在农场治理中被广泛使用，甚至比人脸识别更智能、更强大。猪脸识别不仅仅是识别猪的脸，它还可以针对每头猪生成一个唯一代码，也就是他们的身份证，这一代码可以记录猪的后代遗传信息。同时，猪脸识别技术可以观测记录猪的体重、进食量等身体状况，并根据每头猪的状态发放不同的饲料，实现个性化投喂。通过减少猪之间的体重差异，实现了产品的标准化生产。其次，猪脸识别技术还和智慧兽医相结合，通过测量猪的体温并实时检测猪的叫声和咳嗽声，第一时间发现猪是否生病或怀孕，在保证猪的健康的同时，也确保后续作为食物被人们食用的安全。AI养殖场内还配备有智能感知系统，可以对养殖场环境进行24小时监控，控制猪舍的温度、湿度等，有效保证猪的生长环境最优化。以上一系列的智能技术产品可以说是为猪提供了全生命的管理。最后，将猪的排泄物作为肥料喷洒到玉米种植地，再将产物玉米作为饲料喂给猪，从而形成一个农业闭环，合理利用各环节的剩余资源，“猪脸识别技术的意义在于它与识别技术和大数据分析技术相结合，将人工智能应用于整个养殖管理之中，打通了生产管理、健康管理、食品安全等原本割裂的环节，从而提升养猪水平和质量”①。

第三，农业机器人。农业机器人最早发展于日本，在国外的应用时间较长，技术也较为成熟，美国Root AI公司就研发了一款叫作“处女座”1号的农业机器人，它可以在不伤害西红柿的情况下采摘西红柿，通过自带的传感器和摄像头，结合计算机视觉和人工智能，识别何时需要采摘农作物，并且有比人类更好的检测成熟度。既然称之为机器人，就应该带有模块化系统的AI大脑，这是机器人的核心。它既能接收人传达的指令，也能自主学习，结合不同作物的特点，由单一的西红柿采摘机器人向全能的农作物采摘机器人进化。同时，机器人的机械爪以适当的压力采摘农作物，可以完全独立采摘农作物而不会破坏它们，使用食品级材料塑成的机器人手指方便清洗，这对保证作物不被污染和食品安全很重要。农业机器人是未来智慧农业的重要基础，在农业生产中发挥着越来越重要的作用，它能够帮助人类降低农业生产劳动强度，有助于解决农业领域劳动力短缺的问题，确保农业生产的顺利进行。农业机器人的发展与应用，预示着农业生产正朝着智能化、无人化的方向迈进，为创造一个更加高效、可持续的农业未来奠定了基础。比如，上海

① 黄靖然、谭梦琪、党璟钰、马颂昌、邹礼绪:《“猪脸识别”——京东农牧的“互联网+”智慧农业》,《科技经济导刊》2021年第6期，第22页。

金山亭林镇周栅村已经成功打造了上海首个全机器人运作的智慧农场，从开垦土地、除草、施肥到采摘，所有环节都可以由机器人独立完成。我国对于农业机器人的研究虽然起步较晚，但是目前也已经研制出了成熟的农业机器人能够用于苹果、荔枝等多种水果、蔬菜的采摘，“在第三届世界人工智能大会上，来自金山的AI农业采摘机器人演示了其采摘过程，它不仅可以实现自动驾驶到果园中，根据模仿人眼的3D视觉摄像头对果实进行定位，并且通过计算机下达指令进行采摘，还可以根据不同水果的特点进行自主学习和实现采收”①。

第四，人工智能收割机。我国中联重科自主研发了一款人工智能联合收割机，通过前方摄像头对当前作物状态进行识别，分清已收割和未收割的区域，并将信息传输到AI控制器进行运算分析，向收割机各机构下达调整指令。比如，控制拨禾轮的转速、降低割台的高度，以适应作物的收割需求。粮仓也设置有摄像头，可以实时监测收成量。较传统收割机而言，AI收割机可以通过数据监测分析和自动控制调整来实现收割机各结构的最佳配合状态，从而减少粮食浪费、增加收成量。例如，排草口设置了损失传感器，可以监测粮食的损失率，通过对损失率、含杂率等数据的分析，又可以进一步调整收割机的运作参数。实际上应用智能传播技术与模式的根本就是达到最优化，每台人工智能收割机都是数据终端，采集大量农田、作物数据和机器操作数据，使数据模型和算法不断优化升级，从而完善机器的决策和执行，达到最优化的收割作业。我国每年收割环节的粮食损失高达700亿斤，相当于近5 000万亩农田产出的粮食，而人工智能收割机的应用在节约粮食方面创造了颠覆性的成就。

---

① 项竹彦:《又一个“千万级”项目签约！将助力金山打造……》（2020年7月12日），澎湃新闻，https://www.thepaper.cn/newsDetail_forward_8239827。

四、智能化农业治理界面功能的创新与实现

由以上的案例分析可知，农业治理领域的智能传播技术与模式在很多应用场景方面的功能具有相似之处，上述案例中各种智能化农业设备、产品均是基于多元化智能技术的综合应用被设计出的，智能技术与农业治理场景中各种需求的深入结合是智能化农业治理界面设计的基本理念，也是其各种智慧化功能得以实现的基础。以下从较为宏观的层面，结合农业物联网、农业大数据这两类主要的智能技术做简要分析。

第一个主要类别是农业物联网。物联网可以说是互联网的升级，它通过现有的互联网和各种传感器相互连接从而形成一种新的智能技术，如果说互联网是虚拟形态的，那么物联网就是可以实际落实到我们的日常生活中的，它具有实体性。广泛来讲，物联网的基础支撑技术之一为RFID射频识别技术，它可以以非接触的形式对物体进行识别，既可以远距离快速读取，还可以穿透物体进行识别，能够在农产品生产流程、包装运输、安全监控等诸多环节中得到广泛应用。第二是传感器技术及传感器网络技术，它体现了物联网中的“物”，传感器通过声、光、电、热、力等信号进行感知识别，由此能够实现农业数据的采集与积累。最后是网络通信技术，就是物联网中的“联”，这一技术在当下互联网时代就已广泛使用了，蓝牙、Wi-Fi就是最常见的通信技术。物联网技术是推动农业高效、安全、智能化、信息化的重要支撑。高效体现在原本需要大量时间、人力的浇水、施肥等操作，在物联网技术的应用下，只需要操作电脑就能完成，并且实现对农作物生产过程的监测；安全体现在物联网技术将整个农业生产过程可视化地呈现在消费者面前，像“黑心棉”这样的农业造假事件在物联网技术下就会不复存在。

物联网在智能化农业治理界面的应用范围主要可以概括为以下

几方面。首先是监测与调控农业生产环境。不管是水木蔬菜工厂还是动物养殖场，在前文的案例分析中都有提到环境监测，通过传感器技术将这些数据进行采集整合并传输至监控中心，农业人员就可以根据参数的变化，随时调整保温系统、灌溉系统等基础设施，种地和养殖不再局限于实地操作，只要动动手指就可以完成，真正实现了物物连通。不仅如此，传感器所采集到的数据也是珍贵的资料，通过长期的数据积累分析，能够总结出农作物的生长规律和模式，这对于后续的规模化生产有着重要的借鉴意义。其次是农产品质量安全溯源。这一功能大大消除了消费者对于食品安全的担忧，虽然农产品、食品安全溯源系统的应用还没有覆盖全国范围，但这一系统的设立明确了农业生产的标准，随着今后物联网技术的普及，农产品生产将建立起规范化的标准，食品安全问题也将大大减少。再次是动物、植物远程诊断。我国的农业生产、养殖区域有一大部分是在偏远农村地区，养殖分散、病虫灾害频发是一个普遍却又难以解决的问题。在以往，农业专家只能亲身前往偏远地区解决问题，既耗费时间又极不便利。随着互联网的普及，现在已经有了农业远程诊断平台，农业专家可以线上诊断，远程指导。而在人工智能时代，物联网的应用将进一步完善远程诊断系统，只需要在当地配备传感器，农业专家就可以直接获取环境信息，并远程操控，避免远程指导过程中可能造成的信息误传。最后是农产品运输。物联网技术还可以应用于农产品运输，“有研究表明，我国水果、蔬菜等农产品在运输、储存等物流环节上的损失率高达25%—30%”①，如果能实时监测运输过程中的环境条件并及时调整，农产品品质就能得到保证，经济损失也会减少。

第二个主要类别是农业大数据。“农业大数据是一种无形资产，

① 贺登才、查迎新、李锦莹、洪涛、朱守银、程庆新、刘改芝:《中国农村物流发展报告（2013）》,《中国合作经济》2013年第9期，第8页。

在对大量信息的处理后得到信息的潜在利用价值”[①]。首先，大数据能够加速作物的育种。在传统农业治理时期，农业育种往往成本较高，工作量大，花费时间长，需要专家在田地里大量采摘并在实验室反复试验，这一过程循环往复将极大降低农业育种工作的效率。现在的农业育种调查在大数据的支撑下可以通过计算机进行，农作物的相关信息在云端都可以被记录和分析，大大缩短了实验假设验证的过程，有助于抗旱、抗药等农作物的研发，从而提高农作物的质量，降低成本。其次，大数据能够通过预测市场需求来实施精准生产。当下很多地区存在农产品丰年滞销的问题，通过基于大数据分析的精准生产便于解决农产品供需失衡、产能过剩等问题。智能化农业治理界面需要强大的大数据分析技术，通过传感器监测农作物的生长环境和各项指标，大数据技术可以将采集到的数据关联汇聚，进一步延伸到农业市场、农产品管理等领域，从而推动整条农业产业链的发展。

五、智能化农业治理界面的效果与问题

智能传播驱动下的农业的本质就是在物联网、大数据、云计算等一系列人工智能信息技术的基础上，将农业资源要素进行重新分配和融合，从而形成一种更高效、优质、生态、安全的新型智能化农业治理界面。针对土地要素、劳动力要素、生产工具要素和信息资源要素这四大农业资源要素，智能传播技术与模式在农业治理过程中的优化效果主要体现在以下三个方面。第一，土地要素。AI与土地要素相结合就形成了规模效益，土地要素是农业生产中最重要也是最难以改变的要素，信息技术虽然不能从根本上扩大土地面积

---

① 宋启平:《农业大数据在农产品销售中的应用策略》,《农业经济》2020年第4期，第133页。

或提高土地质量，但是通过人工智能收割机、农业播种机器人等智能产品，可以实现土地的集中化、规模化管理，从而在有限的土地资源中生产出更高效、优质的农作物，提高经济效益。第二，劳动力要素。AI与劳动力要素相结合就形成了新兴力量。在我们的常规认知中，农业生产的主要劳动力就是农村农民，而人工智能与农业的融合进一步拓宽了农民的范围，也就是所谓的“新农人”。新农人不再仅仅停留在简单的农业体力劳动，而是需要具备一定的科学素养和计算机技术，劳动力质量的提高也将带动农业生产效率的提升。第三，生产工具要素。在AI技术驱动下，传统农业装备逐步升级为智能化装备。智能化设备指的是以物联网、大数据技术为纽带，集感知、采集、分析、控制管理于一体的智能农业系统，前文提到的农业采摘机器人就是智能农业设施。同时，在智能传播驱动下的农业时代，第一产业劳动力和生产工具之间的界限也将逐渐消除，设备的智能化会引领农业治理进入无人化阶段，机器人既是生产工具，同时又能作为一种生产劳动力。第四，信息资源要素。AI与智能技术的整合将带来农业价值的增值。

当然，现阶段智能化农业治理界面仍存在诸多问题，“农村经济的落后及技术的不成熟致使我国智慧农业发展存在前期投入成本高、业态复杂多变难以掌控及发展不平衡等问题”①。以上案例中论及的智能化农业治理界面还有很多停留在试点阶段，虽然有些智能产品例如智能收割机和农业机器人已经应用于农业生产，但其只是小范围的试点，还存在多方面问题需要突破。比如，智能化农业治理界面依托于物联网技术和大数据网络支持，但物联网所需的检测土壤、水质等化学传感器普及应用的成本很高。再如，智能化农业治理界面的发展不仅需要农业人员精通农业相关知识和具备实践经验，还

① 何海霞:《互联网时代我国智慧农业发展痛点与路径研究》,《农业经济》2021年第6期，第15页。

需要其懂得大数据挖掘分析和信息管理。但是，就目前的农村现状而言，这种复合型高素质人才资源仍处于相对匮乏状态。

第五节　智能传播融合金融治理：开启金融科技新纪元

“人工智能技术作为金融科技的关键支撑技术之一，会对金融管理中的资源配置和组织模式带来革命性的变化，对我国的金融行业转型具有重要的战略意义”[①]。金融领域有着海量的资金、数据流动与积淀，并且在不同类型的金融治理场景中都有着智能化治理界面构建的基础与内在需求。在上海市发布的三批人工智能示范应用场景中，与金融相关的有两个，分别是第二批中的中国外汇交易中心（银行间市场全生命周期的智能化交易），和第三批中的中国工商银行股份有限公司上海市分行（智能银行生态系统）。以下主要结合金融领域的智能风控以及智能投顾等应用进行分析。

一、金融场景治理中的主要问题

“2017年6月20日，百度与中国农业银行在北京签署战略合作协议，百度董事长兼首席执行官李彦宏提出‘智能金融’概念”[②]，智能金融的发展主要是为了解决传统金融产业发展过程中存在的诸多问题，提升金融产业运营效率，创新各种金融场景的智能化。金融领域存在诸多具有现实性与急迫性的需求，在此针对金融风控、金融

① 陈增敬、严晓东、冯新伟：《金融科技中人工智能技术典型事实与核心规律》，《中国科学基金》2021年第3期，第387页。

② 马腾跃：《度小满金融CEO朱光：智能金融未来的4大发展风口》（2018年6月6日），亿欧网，https://www.iyiou.com/analysis/2018060674086。

客服、金融营销、金融监管与运营、金融投顾等对金融产业各种场景中的传统治理方式及问题做简要分析。风险控制对于金融产业来说至关重要，身份识别、信用评级、风险界定等都需要金融机构投入大量成本。在传统的治理模式中，这些内容都需要人工凭借经验、简单的数据分析来实现，对熟练员工的依赖性较强，治理经验与模式可复制性比较弱。在金融客服方面，因为金融机构有着大量客户，特别是数量多、规模大的个人客户，给金融机构客户服务工作带来很大的压力，如果没有智能化客服工具的辅助，仅靠人工客服运营的话，人工成本将会成为金融机构长期的负担。这一问题同样存在于金融运营、监管等诸多场景中。传统的金融营销更多地依赖不同类型的传播渠道，需要金融机构根据计划制定营销预算，选定报刊、广播、电视、网络等不同的传播渠道予以投放，通过多种营销方式实现金融品牌的塑造以及金融产品的推广，但这种传统的营销方式已经不适应大数据时代精准营销与效果营销的要求。

党的十九大报告指出："中国特色社会主义进入新时代，我国社会主要矛盾已经转化为人民日益增长的美好生活需要和不平衡不充分的发展之间的矛盾"[①]。人民日益增长的美好生活需要在一定程度上可以理解为人均收入水平的提升，享受到更高质量和品质的生活，金融行业就是解决问题的最为关键的领域之一。灵活的金融服务能够给缺乏理财渠道的投资者一个投资渠道，对社会中资金的快速大量流动起着一个连通的平台作用。但金融行业基于资金大量流动属性，本身就在确定性、安全性和稳定性等方面存在诸多问题和一定的隐患。在这样一个本身就充满风险和挑战的行业中，预知和控制风险成为智能金融不可避免的任务。不论是金融公司企业的内部运营和管理，还是个人的基金理财投资，降低、规避风险，都是一个

① 李慎明：《正确认识中国特色社会主义新时代社会主要矛盾》（2018年3月9日），人民网，http://theory.people.com.cn/n1/2018/0309/c40531-29858058.html。

强烈的需求，但同样也是比较难以达成和满足的需求。

随着信息化、数字化进程的发展，金融产业取得了较大的进展。比如，随着数据资源的积累与应用，智能化数据分析已经能够在金融产业发展中发挥积极作用，但是仍然存在诸多问题。除了在强弱数据的选择使用的方向上存在不当之处外，从技术层面来看，海量数据还缺乏有效的内外部整合，形成数据孤岛现象。在金融行业中，随着时间的推移，大量的金融数据不断积累，这些数据以各种各样的格式存储在文档、PDF文件、图像和视频中。这种现象就像是一道“结构化数据之墙”，阻止了数据的自由流动和高效利用。由于这些数据来源于不同的渠道，它们呈现出多源、多模态的特性，这使得与行内数据的有效适配变得非常困难。为了充分利用这些数据，金融行业面临着如何打破“结构化数据之墙”，实现多源、多模态数据与行内数据的有效融合和适配的重要挑战。只有解决这些问题，金融数据才能发挥其应有的价值，为金融行业的决策和发展提供更加准确和全面的支持。

二、智能化金融治理界面的设计理念与形态

基于上述痛点问题的分析不难看出，金融风险控制主要面向两个应用场景。一个是智能风控，即金融公司企业要通过AI技术提高合规风险预测能力，完善客户的征信体系，增加对客户的深度了解，减少欺诈和逾期等行为的发生频率，从而保证企业自身长久持续健康运营。另一个是金融投顾，即财富的投资管理者通过智能传播技术与模式找到专业的、合适的理财机构或方式帮助自身理性理财，降低亏损风险，增加投资收益。智能场景下的风险控制设计理念在传统理念的基础上进行了一定的延伸和改进，形成了多方面弱数据的挖掘和深度连接，让客户不再是一个两面的“数据”，而是由一个个数据构成的人。而客户产品推荐从线下转为线上，出现了智投

产品，可以利用大数据对实时金融市场进行评估和展现，结合投资策略为投资者提供专业的投资建议和渠道，还能高效满足不同客户差异化的投资需求。“虽然无法凭借其中少数几条数据就作出借贷决定，但如果把几百个甚至几千个维度的数据综合起来，就可以训练出有效的风控模型，并以此为风控依据为用户作出借贷决定”[①]，由此开发出基于深度学习的智能化金融治理界面，将其用于金融风控治理场景之中，能够通过各种风控模型帮助金融机构与客户作出更为科学、精准的判断和决策。

以广发银行“基于知识图谱的安全金融服务项目”为例。项目设计研发者注重打通银行内外、银行内部各部门之间的数据壁垒，充分利用智能化的技术工具，比如发挥知识图谱和大规模语义网络等技术的潜力，将其与自身业务深度结合，做到更加便捷地从各种事件、材料中发掘有效信息、形成有用知识，进而帮助金融机构更加全面地认识业务内容。“知识图谱的引入，使广发银行初步实现了在观察视角上从‘个人维度’到‘全局关系’的转变，反欺诈手段‘由点到面’的提升”[②]，智能化金融治理界面的构建提供了新的处理方式，知识图谱的建立打破了非结构化数据的墙，真正将客户的弱数据进行了深度整合和连接，在风险控制方面形成了一个有力的数据支撑基础。如果把传统审批作业进行风控管理比作算盘，信用评分卡模型就是计算器，基于知识图谱的风控体系则是现代的计算机。其中参与治理的主体由人逐渐转变为机器，人在其中的作用只不过是从台前转到了幕后，从而使公司企业的风控管理变得更加智能化、程序化。如果把投资活动比作收割稻子的过程，那么传统的投资方式就是一个农民拿着镰刀弯腰在炎炎烈日之下徒手收割，既需要投

① 鹏威:《国内外人工智能在金融领域成功应用的案例》（2017年6月1日），搜狐网，https://www.sohu.com/a/145291298_634191。

② 王立、王泽坤、何免、杨海龙、周溢林、章军、程世军:《基于知识图谱的安全金融服务助力广发银行构建全局思维的风控体系》，《金融科技时代》2020年第11期，第11页。

入大量的时间，又消耗体力，且结果还有可能是导致人体不适。而智能量化投资则是利用先进的收割机技术，在短时间内轻松完成收割工作，大大提高了收割的效率，劳动者可以在短时间内获得最大的收益。

三、智能化金融治理界面的效果与问题

“目前我国人工智能技术进入爆发期，以深度学习为代表的人工智能技术不断创新，但是各种人工智能技术在实际应用过程中还存在着种种缺陷和不足，人工智能技术的统计性质与可解释性面临着诸多挑战”[①]，不论是广发银行的基于知识图谱的风控体系还是基于量化投资的蚂蚁财富“慧定投”，它们在实际的运用中都有效地降低了金融行业或作为投资平台或作为投资者的风险，促进了金融行业的健康发展，有利于提高社会经济水平，从而可以在一定程度上缓解我国的主要矛盾。智能化金融治理界面的构建有效促进了金融领域的巨大变革，但作为一项新型业态，智能传播技术与模式在其应用过程中还存在一定的风险，面临一定的挑战。

从信息采集角度看，以智能风控这一场景为例，其得以进行的大前提是必须采集海量的客户信息和各类数据。随着数据采集范围的不断扩大，由于缺乏相关的采集标准和规定，在具体实践中时常存在数据采集的合法性问题。在数据使用的过程中，一旦人工智能有关的基础技术与平台设施受到攻击，个人信息极易被黑客攻击或被不法分子控制，会给客户造成财产损失甚至人身安全问题。而且，如果智能技术应用方式与模式不科学，容易出现安全漏洞，不法分子可利用相关技术准确识别潜在目标，对系统进行实时攻击，危害

---

① 陈增敬、严晓东、冯新伟:《金融科技中人工智能技术典型事实与核心规律》,《中国科学基金》2021年第3期，第387页。

整个社会信用体系。从数据存储角度看，在互联网时代，大量的数据通常是存储在硬盘或者软盘中，人为有意或者无意的丢失、损害都会造成数据泄露风险。而从数据传输角度看，我国当前金融业务中使用的算法应用标准、信息控制和披露标准不一致，用户的知情权、数据保密性等有时难以得到保障，同时也限制了数据集成和传输的能力，导致历史数据质量参差不齐，极易出现部分数据丢失和错误等问题，需要在未来的发展过程中不断优化。

第六节　智能传播焕发商圈活力：共筑智慧商业生态圈

“城市商圈如何在有效的空间范围内，对政府管理体制的调整、基础配套设施的空间配置、城市商圈市场化管理模式等内容进行调整，进一步发挥城市商圈的空间集聚效应和规模效益，成为传统商圈转型的关键节点”[①]。随着我国城市化进程的加快，商圈建设成为城市空间发展的重要内容，商圈建设不仅能够方便市民生活，还能为市民打造具有休闲、沟通等多种功能的综合空间，“城市商圈不仅可以反映出一个城市的繁荣程度，更可以折算出一个城市的发展水平”[②]。在超大城市建设中，商圈还具有重要的城市节点的作用，优质商圈的运营往往能够带动对应区域、板块的高质量发展，甚至能够在市政管理、城市副中心建设等层面发挥积极作用。为了更高效、高质量地推动城市商圈发展，有必要积极将智能传播技术与模式应用到商圈建设与治理过程之中，通过智能化商圈治理界面的打造提

① 张竞、王志伟:《城市商圈发展的空间经济学分析》,《学术交流》2015年第4期，第139页。

② 张健:《新零售环境下城市核心商圈转型升级对策》,《商业经济研究》2019年第23期，第150页。

升城市商圈发展质量，“智慧商圈是利用信息通信技术整合传统商圈的商业服务，实现业态融合互补、信息互联互通、客户资源共享和精准营销服务的一种新型服务体验环境或服务生态系统，是传统商圈与虚拟商圈融合发展的新型商圈形态”[①]。在上海市发布的三批人工智能示范应用场景中有两个智能传播驱动下的商圈的案例，即第三批中的上海南京路步行街投资发展有限公司（南京路步行街智能商圈新地标）和上海百联商业互联网有限公司（世博源人工智能商业应用），下文将结合案例对智慧商圈发展过程中的智能化治理界面相关问题予以分析。

一、城市商圈治理中的主要问题

在我国经济社会快速发展、城市化进程不断推进的背景下，特别是在居民生活消费理念转变、消费能力提升的基础上，我国城市商圈得到了快速发展。商圈属于资源高度集中的城市空间，特别是超大城市的核心商圈，商圈空间集中，需要经过具有前瞻性、科学性的立体规划与设计，“中国城市商圈在发展的过程中出现了诸多问题，例如高度密集、商业业态同质化、商圈吸引力低、商圈客群黏性低等”[②]。城市商圈建设中存在的很多现实问题不仅会导致市民体验感下降，更重要的是会导致城市建设资源浪费，“如何便捷、高效、高频地连接消费者，深挖商圈的购物、娱乐与消费体验，尽可能留住用户驻足时间，成为每个城市的商圈经营者都在重点关注与思考的焦点问题”[③]。

---

① 钮钦：《面向体验经济的智慧商圈：理论阐释和建设路径》，《中国流通经济》2018年第10期，第112页。

② 宿艺：《全场景智慧商圈：城市商业的AR“头号玩家”》（2020年9月27日），CNMO，https://internet.cnmo.com/news/u_1630.html。

③ 同上。

具体到市民在城市商圈中的生活及体验，当下城市商圈建设中同样存在诸多需要注意的细节问题。比如，上海市诸多商圈均存在停车难、停车用时长等现实问题，在传统的城市商圈治理过程中，大多只能通过优化停车路线、精心设置引导、增加工作人员等方式来提高停车效率。再如，市民在密集商圈中同样需要花费较大精力去寻找目标商家，虽然当下百度地图、高德地图等商业化手机导航APP的功能已经比较成熟，但是面对密集商圈中“室内导航”的需要，在精准度、智能化程度方面依然不能完全满足市民的需求，这些都需要在智慧商圈的建设过程中不断探索更加高效、便捷的解决方案。空间资源、城市居民在商圈中的聚集，也为治安、消防等带来了更大的压力，“综合体人流量密集、使用功能庞杂、火灾危险性较大，研究超大城市综合体的疏散设计对解决消防问题至关重要。为了改善公共场所人员疏散复杂的局面，大型城市综合体多采用安全疏散通道的疏散方式”①。面对各种潜在的安全风险，城市商圈治理者有必要提升风险预警、预判能力，提高突发事件应对与处理能力。

未来的智慧商圈，将以商品为基础、以环境为前提，不断吸引客流，从而提升商业综合竞争力，创新商业运营模式，不断推动和促进消费能级持续提升，而用户则能更方便、高效地享受商圈提供的贴心服务，充分感受逛街的乐趣。具体表现为数智化运营、线上线下融合、新媒体营销策划、个性消费的承载力四个方面。通过数字化、智能化的运营，能够沉淀核心客流的消费与活动数据，实现项目自身海量数据资源的积累、项目与外部数据的有效关联与共享等，为更为有效地实现数据挖掘与分析创造条件。

---

① 马子超、李啸然、肖泽南、陈静、闫超:《超大城市综合体室外平台疏散研究》,《消防科学与技术》2021年第5期，第665页。

二、智能化商圈治理界面的设计理念与形态

传统商圈治理方式面对城市化进程中出现的诸多新问题、新情况表现出一定的“不适”，“例如由原来的单核心向多核心转变、业态结构单一趋同、人流增速过快、配套设施无法满足消费需求等等”①，其治理理念与方式均需要面向城市商圈发展的新趋势、新问题作出优化与调整。“与智慧交通、智慧能源、智慧家居等应用场景不同，智慧商圈要对空间内的人流、交通、商业、能源和管理等进行综合考量和统筹安排，是智慧城市在城市商业空间这一较小空间尺度内的综合实践”②，在智慧城市迅速发展的背景下，智能化商圈治理界面成为智慧城市建设的核心内容之一，很多前沿的智能传播技术与模式以及治理方式都在城市商圈治理中得到较早实践与应用。

基于智能传播技术与模式的应用，依循智能城市治理的理念，智能化商圈治理界面的构建可以在多方面得到体现，在此结合城市商圈中的几个主要应用场景予以分析。首先，推动数字商圈向智能商圈演化发展。近年来，诸多商圈在建设过程中注重数字技术的应用，城市商圈的数字化与信息化程度得到了大幅提升，为智慧商圈的建设打下了一定的基础，但是数字商圈建设过程中也存在诸多问题。反过来看，在智慧商圈建设过程中，智能化商圈治理界面的构建有助于反向驱动城市商圈数字化、信息化水平的提升，有利于城市商圈精细化管理的实现。其次，智能化商圈治理界面的建设不仅能够优化商圈空间内部的治理方式，还能够扩展城市商圈在线上的影响力，创新市民与城市商圈的移动化互动方式。比如，通过各种智能化线上运营方式实现引流，不仅能够驱动各类入驻商家业务形态、经营状态的优化，还

---

① 张竞、王志伟:《城市商圈发展的空间经济学分析》,《学术交流》2015年第4期，第140页。

② 钮钦:《面向体验经济的智慧商圈：理论阐释和建设路径》,《中国流通经济》2018年第10期，第113页。

能够创新市民、消费者与商圈、商家之间的沟通、互动方式。在这一过程中，线上引流、互动与线下体验、消费将深度融合，社交化消费、智能消费等模式将在智能化商圈治理界面构建过程中得到更为明显的体现。再次，智能化商圈治理界面的构建更有利于商圈“文化属性”的彰显，便于打造具有特色的城市文化空间。商圈在城市化进程中承载着综合性城市文化空间发展的任务，基于智能化商圈治理界面的构建，便于不同商圈主体彰显自身独特的IP特质，将文化发展与商业空间发展融为一体，为市民打造高品质、高品位的城市综合体。比如，上海K11购物艺术馆就是一个独特的范例，它巧妙地将艺术、文化、自然与商业结合在一起，营造出一种富有活力的购物体验。在上海K11购物艺术馆中，消费者可以享受到丰富多样的购物体验，不仅有琳琅满目的商品供消费者挑选，还有引人入胜的艺术装置、充满内涵的文化活动以及宁静舒适的自然环境。这种多元化的体验让购物不再只是一种简单的消费行为，而成为一种独特的生活方式和文化体验。这种趋势将为购物中心和商场品牌带来新的发展方向，将不再局限于传统的商业模式，而是积极寻求与艺术、文化、自然等元素的融合，打造出具有独特魅力和吸引力的购物场所。

为了更加清晰地分析智能传播技术与模式在商圈治理中应用的形态与方式，在此依照市民、消费者从接近商圈到进入商圈再到离开商圈的过程，审视智能化商圈治理界面如何在这一过程中得到应用以及以什么样的形态发挥作用。首先，智能化商圈治理界面运营者、商家均可以通过各种移动传播平台、APP产品向周边甚至其他城区、城市市民精准推送商圈消费信息，特别是基于位置服务（Location Based Service，LBS）技术更加便于商圈附近或商圈内的消费者与特定商家产生关联，同时能够通过更加生动、形象的方式为消费者提供停车、导航、导购等实用信息。其次，在市民、消费者进入商圈之后，智能化商圈治理界面能够为其提供具有更强沉浸性、互动性的信息展示方式。比如，借助AR增强现实技术，智能化商圈治理界面能够使消费者使用手机、基于特定位置与空间场景，获取更加多元的补充、介绍信息，包括周边店家的主打产品、折扣信息等，方便消费者作出判断或选择。当然，这种方式不仅可以用于商业信息展示，还能够用来提升商圈的文化氛围。再次，当市民离开商圈的时候，智能化商圈治理界面能够为他们提供出行方案、导航服务等，提升市民在商圈消费、体验的整体感受。而在市民离开商圈之后，也能够通过智能化商圈治理界面为他们提供后续服务、实现常态沟通。

上海南京路步行街投资发展有限公司（南京路步行街智能商圈新地标）是上海市人工智能示范应用场景中智慧商圈建设的代表。南京路步行街这条承载了深厚历史底蕴的商业街区，如今正力争将自己塑造为一个智能商圈的全新地标，这一战略意图不仅在于提升整体的运营效率，更在于实现游客购物体验的升级与革新。针对这个目标，南京路步行街已经规划了一系列的技术手段，如AR实景导游导购的落地实施，通过运用增强现实技术，使游客可以轻松获取步行街的全方位导览信息，以及各商铺的最新优惠活动，让其购物之旅更加便捷、有趣。步行街还将着力打造智能门店，借助物联网与大数据技术的融合应用，店内的人流、销售数据等关键指标将得到实时监测和深度分析，为商家提供有力的数据支撑，助力其实现更为精准的运营决策。此外，步行街将建立大客流预警与引导机制，通过实时监测人流密度和流动情况，该机制能够迅速发出预警，并通过多元化的引导方式，如导向标识、电子屏等，有效疏导游客，确保步行街的畅通与安全。

南京路步行街智能商圈通过各种智能技术的创新应用，逐步构建起具有设备与硬件管理、智能消费引导、创新咨询服务等多种功能的运营平台。在多种智能技术应用、智能产品打造中，“玩转南步街”是一个“明星产品”。“玩转南步街”是上海南京路步行街投资发展有限公司精心打造的一款线上运营服务平台，该平台立足于繁华的南京路步行街商圈，充分利用手机APP工具精准锁定南京路主流年轻消费人群为目标用户，通过提供卓越的O2O线上线下购物体验模式，该平台打造了上海首个融入AR虚拟增强现实功能的商圈导游导购APP。这款APP不仅将南京路步行街的商户信息、优惠活动、导购指南等一站式呈现给用户，还借助AR技术，为用户带来虚拟与现实融合的全新购物体验，用户通过手机APP即可轻松浏览步行街的实景环境，还能通过AR功能获取商户的虚拟信息展示、产品推荐等内容，让购物过程更加富有趣味性和互动性。“玩转南步街”APP的推出体现了上海南京路步行街投资发展有限公司在智能化商圈建设方面的创新探索，不仅提升了游客的购物体验，也进一步推动了南京路步行街商圈的数字化转型和智能化升级。

三、智能化商圈治理界面功能的实现

“智慧商圈可以为消费者提供一系列的智能服务，包括移动支付、智慧导购、智慧停车、无人零售等等。对于商家来说，智能安防、智慧物流、信息化管理等应用将为商圈带来更高效的管理”①，通过智能传播技术与模式的应用，智能化商圈治理界面在支付、停车、安防等诸方面形成了新的功能与治理模式，这在“玩转南步街”等案例中有着鲜明的体现，新技术、新功能、新商圈之间围绕智能传播技术与产品的设计与应用实现了贯通，“‘玩转南步街’的AR增强现实技术也将南京路步行街的商业信息、旅游路线、历史文化、潮流元素通过全新的方式展现”②。

结合智能化商圈治理界面的构建，从安防、停车、支付等几个

① 中商产业研究院:《2020年中国智慧商圈生态图谱及产业链投资前景深度解读》（2020年9月3日），中商情报网，https://www.askci.com/news/chanye/20200903/1656491205336.shtml。

② 徐晶卉:《虚拟现实融合！南京路步行街带上AR功能，能玩游戏能导购》（2020年12月26日），网易，https://www.163.com/dy/article/FUP3UOO605506BEH.html。

方面实现了新功能的探索。首先是智能化商圈治理界面的智能安防功能。安防是城市化发展、城市商圈建设中不可忽视的内容，与市民人身、财产安全息息相关，智能安防产品的应用，能够构建智能化的视频监控、空间出入报警与控制、危险识别与报警等系统，不仅能够应用于单个企业、商家的安防，还能够形成商圈一体化的智能安防系统，有效提升整个商圈的安防水平。其次是解决停车、交通场景中的问题。智能化商圈治理界面的应用不仅能够实现对商圈内外车辆、人流形成实时、动态监控，为高效、及时协调与调度创造条件，还能够实现智慧停车，为市民在停车方面提供更大便利，智能停车与商圈车辆、人流监控相结合，可以实现车辆与停车位、停车路线之间的科学匹配，通过智能定位、移动信息传输、GIS等多种技术综合运用实现停车位资源的动态利用、交通路线的实时优化，由此解决商圈交通场景中的痛点问题。再次是移动支付。经过多年的积累，特别是支付宝、微信支付等移动支付工具的发展与推广，居民已经形成了稳定的移动支付习惯。个人支付及消费习惯的改变也驱动了商家及商圈运营模式的发展。在智能化商圈治理界面的打造过程当中，人脸识别等智能识别技术与移动支付的结合，能够更大限度地扩展移动支付的应用场景。比如，无人智能零售的发展与应用，能够驱动智慧商圈零售业态的迭代升级，通过无人商店、自动销售、开放商店等零售形态的应用，革新智能商圈的存在与生存方式，更新商家与市民的互动方式，为市民提供新型的线下销售体验。同时，这种智能零售方式的发展也能够推动供应链的优化，有助于实现智能商圈规模化、精细化的治理。

“智慧商圈的运行需要不同的信息技术支撑，包括AI、大数据、云计算、物联网等技术”[①]。我国各级政府注重将智能传播技术与模

① 中商产业研究院:《2020年中国智慧商圈生态图谱及产业链投资前景深度解读》（2020年9月3日），中商情报网，https://www.askci.com/news/chanye/20200903/1656491205336.shtml。

式应用在城市化发展进程当中，智能化城市空间也是人民城市创建当中的内在要求，智能化商圈治理界面是其中的重要内容与组成部分，特别是在5G、芯片等智能技术广泛应用的背景之下，智能传播技术与模式应用能够驱动智慧商圈建设进入一个新的阶段。“人工智能在智慧商圈领域，能够在传统客流分析、顾客属性识别、柜台热力分析、动态人脸识别与行为分析算法中发挥重大作用”[①]。基于基础数据的积淀能够充分利用各种算法进行数据分析。比如，“大数据计算框架BPDA（Business-Circle Parallel Distributed Algorithm）基于Hadoop大数据处理平台和Kafka分布式消息系统，实现了基于移动轨迹数据的商圈消费者规模分析系统”[②]，由此能够实现对消费者在商圈内外轨迹数据的分析，为给消费者提供更具个性化的信息服务与引导创造条件。智能传播技术与模式的应用，实现了智能商圈治理的新界面、新功能、新模式。

四、智能化商圈治理界面构建中存在的问题

目前，智能化商圈治理界面的构建也存在着许多问题。“随着政策上的支持和鼓励，智慧商圈建设实践已经在国内多个城市展开，既取得了成绩，也出现了建设理念缺乏整体性、建设策略线上线下融合不足、消费体验环境欠佳和制度规范滞后等问题”[③]。智能化商圈治理界面构建中，诸多智慧商圈的建设仍有待完善，信息基础设施重复建设、缺乏有效整合，建设思路不够清晰、优质应用较少，合作机制不够完善、高效互动尚待加强，应用系统间协同不足、感知度不够高。

① 徐飚:《人工智能与智慧商圈的运用》,《上海商业》2018年第3期，第34页。

② 刘志、刘辉平、赵大鹏、王晓玲:《基于移动轨迹数据的商圈消费者规模分析》,《华东师范大学学报（自然科学版）》2017年第4期，第97页。

③ 钮钦:《面向体验经济的智慧商圈：理论阐释和建设路径》,《中国流通经济》2018年第10期，第112页。

智能化商圈治理界面在应用大数据技术，开展用户消费画像和市场经营分析时，涉及的用户隐私问题需要进一步地优化解决。目前，智慧商圈行业的服务也有无序化的特征。由于许多地方的智慧商圈正处于试点阶段，并没有太多的行业服务规范，总体的情况也比较无序。在全国的许多地方，智慧商圈的基础工作薄弱。因为智慧商圈的建设需要大量的先进技术的支撑，例如人工智能、大数据、云计算、物联网等。这些技术在全国的发展程度参差不齐，也注定着智慧商圈的建设推进和建设成果参差不齐。目前智慧商圈建设过程中的产业结构调整进程也比较缓慢。在用户的体验方面，智慧商圈对于真正去商圈里购物的人们来说，并未让其体验到明显的改善。尽管智慧商圈在很多地方的商圈推行了试点，但是用户如果真正使用商圈APP，其购物体验依旧过于繁杂，信息的获取并没有特别方便快捷。许多虚拟现实技术并不能做到裸眼的3D体验，而是借助于手机屏幕来进行观赏，在购物体验上还需要进一步的提升。尽管如此，智慧商圈建设仍被广泛看好。由于建设智慧商圈的必要性，未来对于智慧商圈建设的投入会越来越大，各个环节的问题也会随着技术水平的进步和服务能力的加强而慢慢改善。

第三章

智能化治理界面与超大城市市民高品质生活

市民生活是超大城市治理过程中的细节问题，涉及城市发展中的诸多场景，覆盖面广，工作要求细。“随着城市规模的不断扩大，公共服务供给的难度也快速上升，这在超大城市表现得尤为明显。在管理上，超大城市的公共服务供给出现了体量大、需求多、差异化等新问题”[①]，为了提升超大城市市民生活品质，需要不断寻找高效的创新治理理念、工具与方式，智能化治理界面的构建为解决这一问题提供了机遇。比如，面对城市治理精细化程度的提升，智能化治理界面能够比传统界面更加胜任其要求，“城市精细化治理是国家治理体系和治理能力现代化背景下城市治理思路的转型升级，其核心要义是实现民心治理”[②]。本章将结合上海市发布的人工智能示范应用场景中“超大城市市民高品质生活”相关的内容对这一问题作出分析。

第一节　智能传播助力医疗升级：健康城市再添动力

“当前医院信息化程度和智慧服务水平不高、智慧化监管的体制机制尚不健全、智慧化管理理念和行为观念落后等问题影响着医疗质量与安全智慧化管理”[③]。医疗是城市生活的重要内容，优质的医

---

① 邓剑伟、郭轶伦、李雅欣、杨添安:《超大城市公共服务质量评价研究——以北京市为例》,《华东经济管理》2018年第8期，第49页。

② 薛泽林、孙荣:《人工智能赋能超大城市精细化治理——应用逻辑、重要议题与未来突破》,《上海行政学院学报》2020年第2期，第55页。

③ 蒋帅、刘琴、方鹏骞:《智慧医疗背景下“十四五”我国医院医疗质量与安全管理策略探析》,《中国医院管理》2021年第3期，第15页。

疗资源是超大城市具备吸引力的重要原因之一。目前我国社会老龄化趋势明显，而智慧医疗的发展能够在很大程度上破解这些问题，不仅可以有效缓解当下医疗资源比较紧张的困境，还有助于解决医疗资源分布不均的问题，可见智慧医疗的建设具有很强的急迫性和必要性。在上海市发布的三批人工智能示范应用场景中，智能传播驱动下的医疗相关的应用场景有四个，分别是第一批中的上海第十人民医院，第二批中的上海交通大学医学院附属上海儿童医学中心（基于人工智能的儿科分级诊疗应用），上海交通大学医学院附属瑞金医院（智慧瑞金，瑞智助医），徐汇区卫生事业管理发展中心、复旦大学附属中山医院、徐汇区中心医院（徐汇区心血管疾病全周期智能服务）。这些示范场景在智慧医疗建设领域具有一定的代表性，但同样也能反映出当下智慧医疗发展过程当中存在的不足。在此针对基于智能技术的智能化医疗智能界面的分析，对智能医疗理念与方式的创新及其存在的问题作出思考。

一、医疗场景治理中的主要问题

“智慧医疗有利于医疗信息和资源的共享和交换，从而大幅提升医疗资源的合理化分配；有利于我国医疗服务的现代化，提高医疗服务水平”①，智能传播驱动下的医疗的建设，不仅是对传统医疗某一方式、某一环节的改变，实际上更是对整个医疗流程的改进。从诊疗方式的规范、医疗运营的整治到远程医疗的设计，从病人上门看病到医疗“上门看病”，智慧医疗以提升医疗效率为核心目标，推动了整个医疗产业的发展。

智慧医疗在发展中需要针对解决医疗领域存在的诸多痛点问题

---

① 牟丽、夏英华、何群、何易洲、曹蓉、邢晓辉:《我国智慧医疗建设现状、问题及对策研究》,《中国医院》2021年第1期，第24页。

建设，在此对我国医疗领域亟须规制的代表性问题作简要分析。首先，当下我国医疗领域还存在诊疗不规范问题，这种问题已经成为医疗领域的重要“顽疾”，“医疗行为不规范是临床实际普遍存在的问题，不规范的诊疗行为容易引发医患矛盾、医疗赔偿、医疗事故等后果”[①]。近些年来“医闹”问题越来越得到社会的广泛关注，引发“医闹”问题的很大一部分原因来自医院在诊断、治疗、收费环节存在的某些不规范现象。除了临床问诊，网络问诊也是近年来诊疗行为不规范的重灾区，网络上流传着“百度问病，癌症起步”的笑谈，实际上这对大部分缺乏医学知识的普通人来说，的确是难克服的无奈问题。引入AI医疗工具，在诊疗环节对医生和患者都有极大的规范和帮助作用。

其次，医院运营成本高，为医保控费、降低运营成本压力比较大，医疗行业“看病贵”一直都是难以解决的问题，而医院运营成本高仍困扰着诸多医院的管理者与运营者。

再次，精准医疗对传统医院运营过程中的信息化建设、数据分析等提出更高要求，“精准医疗是医学全新领域的分支，是根据个体基因差异、个人生活方式以及环境因素，在精准数据的指导下对疾病开展预防和治疗的新方法，是目前肿瘤、传染性疾病和遗传病更为有效的治疗手段之一”[②]。虽然“精准医疗”的前景一片光明，但在实际操作上遇到了很大的困难。基因数据处理是精准医疗发展的重要方向，作为生物信息学的分支，“信息”尤为重要，随之而来的便是软件应用、数据储存的问题。智能传播驱动下的医疗的发展将推动这一课题的发展。

最后，远程医疗在应用推广中仍面临诸多瓶颈，“远程医疗服务

① 杨安：《医疗卫生行业对AI的需求源于以下五个方面》（2019年2月21日），电子发烧友，http://www.elecfans.com/yiliaodianzi/20190221873342.html。

② 中科曙光：《“精准医疗”需要不断响应最新的信息技术和医疗进展》（2020年9月27日），电子工程师，http://www.elecfans.com/d/1316120.html。

是指通过计算机技术、远程通信技术与多媒体技术，提供全方位远距离的医疗服务活动”[①]，医疗资源不平衡的一大表现便是“地区差异”，如何让老少边穷地区也享受到高质量的医疗，尤其是基础医疗，是国家健康事业发展的重要方向，在人力物力财力受限的情况下，AI医疗是进行远程医疗的可行方式。

二、智能化医疗治理界面的设计理念与形态

在智能化医疗治理界面的构建过程中，须注重通过智能传播技术与模式的应用解决医疗领域存在的诸多问题，建设符合人民城市构建要求的智慧医疗发展理念与解决方案。智慧医疗的发展会优化医疗资源在城乡、城区、线下与线上之间的配比，能够让更多有需要的患者通过更加智能、更加便捷的渠道、产品获得所需要的医疗资源。比如，基于智能化的辅助诊疗系统，患者能够通过与AI系统进行语音交流便捷地提供自己的病症信息，当医生接诊后，这一AI系统发挥着重要的辅助作用，可以协助医生完成健康咨询，还能在开药方等方面提供有力支持，明显提升了问诊的效率，为患者节省了宝贵时间。由于AI系统的介入，诊断的准确率也得以显著提高，使医患之间的沟通更加顺畅高效。在发展到“机器医疗”的程度时，医疗资源将得到高效高质的扩充，最大限度地避免因信息不流畅造成的诊断失误，也避免了实体医院中因水平的差异造成的浪费。上述理念在以下几个主要应用场景中能够得到鲜明体现。

第一，基于智能化医疗治理界面，实现医疗资源优化配置。“智慧医疗的发展对实现患者享受安全、便利、优质的诊疗服务具有积极作用，可在一定程度上解决看病难、看病贵等问题，同时实现医

---

① 王双艳、陈宇、兰毅鹏、黄哲:《远程医疗服务评价模型的构建与实证研究》,《沈阳药科大学学报》2021年第3期，第297页。

疗卫生服务信息化、智能化及快捷化发展”[①]。近年来，互联网医疗需求逐渐旺盛，面对这种现状与需求，很多医院、人工智能领域的企业基于智能医疗产品积极探讨替代性解决方案。比如，科大讯飞推出智能医疗产品“智医助理”，“采纳的医疗人工智能核心算法，可以打通诊前病史的采集和院内信息化系统，承担80%的事务性工作，让医生专注于医疗服务，从而大幅提升服务效率和服务质量”[②]。传统的诊疗方式过多地依靠医生的经验与主观判断，而智能化的医疗产品则是基于标准技术研制设计的，具有广泛的适用性和可复制性。

第二，顺应新基建趋势，智能化医疗治理界面在城市建设、人民生活中发挥着更积极的作用。“传统基础设施主要集中在铁路、公路、机场等地，新基建则更多集中于5G、人工智能、数据中心、工业互联网等科技创新领域和教育、医疗、社保等民生消费升级领域”[③]。智能化医疗治理界面的建设，针对的是目前行业内乱开药、乱收费、等号时间长、护理不到位等一系列问题。云收集平台在收集、储存电子病历后，可以为AI模型提供大量优质数据，提升AI产品功能，清洗数据与患者本身的健康状况挂钩，对患者的未来治疗方向、警戒方向有更好的模拟，方便进行疾病监控，大大改进了电子病历的单一功能。

第三，智能化医疗治理界面可以更加高效地辅助治疗。智能化医疗治理界面的出现，在宏观上推动了医疗事业的发展，在微观上，其核心仍是辅助医疗，完成临床诊治。“根据中国医学会公布的误诊数据，恶性肿瘤平均误诊率为40%、肺外结核的误诊率在40%以

---

① 牟丽、夏英华、何群、何易洲、曹蓉、邢晓辉：《我国智慧医疗建设现状、问题及对策研究》,《中国医院》2021年第1期，第24页。

② 《科大讯飞陶晓东：AI让优质医疗资源的配置更加公平合理》（2020年7月12日），极客网，https://www.fromgeek.com/daily/1044-329919.html。

③ 石安杰：《新基建+医疗健康系列报告之医疗AI创新的道与智：回归需求，整合价值》（2020年9月29日），东方财富网，http://data.eastmoney.com/report/zw_industry.jshtml?infocode=AP202009281417971548。

上”[①]，智能化医疗治理界面为解决放射科医生数量短缺问题、降低肿瘤误诊率创造了条件。AI影像成为医护工作人员的好帮手，为临床诊断提供准确率最高的评估，影像科医师可以在本部远程阅片，节约人力资源。比如，零氪科技与福州大学联合开发的零氪科技系统“每日累计辅助医生诊断1 000例以上病人，准确率达90%，累计服务60万名肿瘤患者”[②]。

第四，智能化医疗治理界面能够有效推进远程医疗落地。“近年来，远程医疗需求持续增长，预计到2026年，将增长到1 750亿美元以上”[③]。智能传播技术的一个优势是学习速度，远程医疗有很大的发展空间和学习时间，通过庞大数据量确定患者范围和确诊病状，在不间断的数据演练中不断提高结果的准确性。远程医疗可以通过减少错误来最大程度地减少经济负担，在监控用户身体健康状况的同时，帮助医生及时发现疾病的早期症状。远程医疗除了在无法实时接触的医患关系中发挥作用，也在平衡地区医疗资源中起到了巨大作用，在助力基层诊疗服务能力提升的同时，大大降低了看病问诊的费用，基于智能化医疗治理界面，看病难、看病贵的问题都将得到缓解。

三、智能化医疗治理界面功能的实现

智能传播技术与模式的应用是智慧医疗场景中智能化医疗治理界面研发设计的基础，面对智慧医疗发展的必要性及战略价值，国家注重引导不同领域的优质资源向医疗场景集中，以推动智能化医

① 赵泓维:《40多位被访人，告诉我们2020医疗AI发生的5大变化》(2020年9月28日)，澎湃新闻，https://www.thepaper.cn/newsDetail_forward_9380696。

② 吴剑锋:《智能辅诊、手术介入……AI能为传统医疗带来什么?》(2019年5月10日)，人民日报海外网，http://m.haiwainet.cn/middle/352345/2019/0510/content_31553818_1.html。

③ 阿浅:《人工智能如何改变远程医疗的未来》(2020年9月24日)，RFID世界网，http://news.rfidworld.com.cn/2020_09/f1e17f14d70b3095.html。

疗治理界面的跨越式发展。“跨学科发展越来越受到国家层面的重视，智能传播与医疗行业的结合也越来越紧密，特别是近年来基于智能传播技术与模式的医疗辅助诊断系统和企业的出现及发展，表明‘人工智能+医疗’的相关研究成果已经向实用方向发展和落实，逐步实现智慧医疗”[①]。在这一过程中，可以从宏观和微观两个层面对智能化医疗治理界面功能的发展予以把握。

第一，智能化医疗治理界面的宏观功能架构。AI医疗不仅是为个人患者服务的，更是“新基建”的重要组成部分。首先，智能化医疗治理界面能够体现标准化与差异化的辩证统一，实现不同区域医疗资源的整合。比如，对于大城市来说，这里往往有更多的医疗资源和更强的付费能力，这里的医院往往辐射范围十分广泛。对于这类医院来说，AI医疗基础设施的建设更多地应该突出细节化，从问诊、影响判断到康复护理的环节，都应该设置功能多元且全面的设备，突出放大大城市医院“专业化”的优势和能力，为因大病、疑难杂症诊治而远道而来的周边百姓实现最少的等待时间。但是，很多基层医疗机构与单位规模小、资源少，看病内容多为发热等基础病症，因此，对于这类医疗机构来说，智能化医疗治理界面的建设应当以“全能化”为发展方向。医疗基础设施的建设，应当以“普遍化”为追求目标，这要求医疗机构能力普遍提升，实现医疗资源降价，达到真正的全民医疗的目标。从宏观层面来看，智能化医疗治理界面的宏观功能架构还需在国家和市场的调节下实现功能创新与扩展。比如，公共卫生是医疗基建的重要领域，通过AI医疗系统对居民信息实名录入，基于健康大数据构建健康模型，可以实现对居民健康的实时监测，即使在未来仍然无法避免地出现大规模病情，这个系统的构建仍然有利于帮助我们寻找问题的源头。

---

① 管子玉:《人工智能赋能智慧医疗》,《西北大学学报（自然科学版）》2021年第1期，第1页。

第二，智能化医疗治理界面的微观功能架构。智能化医疗治理界面并不是组建智能机器安置在手术室内、医院开通网上服务，就可以称作“落地”。智能医疗在医疗机构层面，应当实现辅助诊疗、医院管理等事务性和业务性工作。在个人层面，智能化医疗治理界面应向着“私人医生”的方向发展。针对我国医疗资源分布不均等问题，平安好医生打造了AI“私家医生”，其背后数据支持来自全国排名前100的知名医院，“不仅可以提供在线问诊咨询、日常健康管理、医院门诊预约等基础服务，还可为用户提供7x24小时全天候照护、秒级医生服务响应、1小时送药上门、三甲医院实地陪诊等全方位、一站式的高品质医疗健康服务，一对一专属服务形式放大了优质医疗资源的服务能力，为医疗资源短缺的我国提供了有效的解决方案”①。尽管在大数据的支持下，智能化医疗治理界面在各方面都对医疗行业产生了作用，但各类智能医疗系统功能核心仍是辅助诊疗系统，尤其是对于在各种医疗机构和应用场景中推广的AI系统与产品而言更是如此。比如，通过智能语音录入和智能助理系统的合作，语音生成数据，节约书写时间，并智能采集用户病例和病情概况。再如，不论是中医还是西医，在治疗过程中相当重要的一步都是获取病人病状信息，而在AI系统的帮助下，智能机器人将自动完成病例分类、病情统计的工作，大大提升医患沟通效率。同时，由机器学习支持的后端来构建私人档案，转化为下一次诊治的医疗依据，再由提供服务的链接医院提供购药、送药的服务，实现线上线下一体化、一站式的诊疗服务。由此，在医疗服务提供端，以智能传播技术与模式应用为基础，建立了技术、产品、服务等的输入，形成了一体化的智能医疗体系，用户和提供方都以AI系统为核心实现了AI医疗服务链条的完整化。

---

① 汪青:《AI赋能医疗健康　平安好医生亮相人工智能大会》(2019年8月29日)，和讯新闻，https://news.hexun.com/2019-08-29/19838067.html。

四、智能化医疗治理界面的效果与问题

智能化医疗治理界面是以辅助诊疗和提高效率为核心使命的，虽然全线系列产品尚不完善，但在已落地的应用中，智能化医疗治理界面已经帮助人类获得了巨大进步。例如，“上海第十人民医院与相关人工智能企业开展合作，研发了急诊预检分诊超级医学大脑，不知疲倦、误诊率低的AI大脑一年多来为45万人次提供了深度问诊，分诊准确率从69%提升到了95%”[①]。除了在就诊方面的巨大进步，更能彰显智能化医疗治理界面意义的是随之而来的整个医疗健康系统改革的希望。第一步便是使患者的自身医疗体验提升。针对医院场景，AI医疗在院内有助于辅助诊疗、保险支付、医院管理等方面的内容，在院外可帮助药物研发、康复管理，智能化的数据录入让患者的医疗航程保障更高，赔付体验更优，更方便随时与医生进行病情与康复交流。紧跟其后的便是整体医疗系统的升级。从分级诊疗到地区联合，智能化医疗治理界面的作用体现在缩短时空距离。智能化医疗治理界面使乡村医疗与大城市医疗形成了更有效的链接和分工，医联体建设速度加快，三甲医院赋能基层医疗机构效率大大提升。总体来说，智能化医疗治理界面发展虽然尚不完善，但在个人医疗方面已经有了长足进步，在整体全民医疗建设方面发展十分强劲。

智能传播技术与模式在医疗产业的应用仍面临诸多现实因素的限制，“整体来讲，医疗领域本身偏保守封闭，由医疗机构和医生主导决策，容错率极低。不像消费类应用投入大、试错机会多”[②]。诸多现实因素的限制，导致智能化医疗治理界面在发展过程中仍存在需要解决的问题。比如，因不同医院数据之间存在壁垒，所以很多智

---

① 潘文:《上海首批人工智能示范应用场景获认定！ AI+教育、AI+医疗……看看未来的AI生活什么样》(2020年12月8日)，周到上海，http://static.zhoudaosh.com/CFF3EBBA0CA0EB927D3A4041DEC259D6C083700DB3173C46905E4FF4E55D8653。

② 崔爽:《别因一时受挫唱衰AI医疗》,《科技日报》2019年5月7日。

能医疗系统与产品的研发过程都会面临数据缺乏的问题，没有足够的数据能够用于算法、模型的训练，限制了智能化医疗治理界面功能的开发与迭代。除了数据方面产生的技术问题之外，AI医疗还有可能面临伦理方面的争议。比如，“不透明的算法”是令整个科学界头痛的棘手问题，尽管人工智能远未达到成为医疗主体的程度，但其中复杂的伦理关系已然牵涉到医疗安全监管责任的认定，如何追究智能化医疗治理界面的伦理责任问题涉及整个医疗行业伦理观、责任规定的改变。此外，“医疗信息中包括患者的身份信息、疾病诊疗信息、生物基因信息等，具有特殊的敏感性和重要价值，一旦泄露，不仅会给患者带来巨大的困扰和损失，甚至有可能会对国家安全产生威胁”[①]，而智能化医疗治理界面的开发则需要大量的数据和公开性，因此医疗数据的授权范围、商业化程度都是需要仔细商定的问题。综上所述，尽管智能化医疗治理界面有着光明的前景，实际上仍有极大的提升空间，处于初级发展阶段的智能化医疗治理界面仍当不断得到优化与发展。

第二节　智能传播引领教育转型：智慧教育扬帆起航

教育为智能传播技术与模式提供了广阔场景与应用空间，“为了顺应人工智能驱动下未来社会发展的趋势，在当下的教育改革中，我们需要把握人工智能驱动下教育系统的核心价值取向，定位创新人才培养的教育目标”[②]。目前我国教育领域还存在教育资源分布不

① 药械网:《分析总结AI医疗应用中需注意的六大问题》(2020年9月9日)，电子发烧友，http://www.elecfans.com/d/1292620.html。

② 顾小清、蔡慧英:《预见人工智能的未来及其教育影响——以社会性科幻为载体的思想实验》,《教育研究》2021年第5期，第137页。

均等诸多现实问题，智能传播技术与产品的应用能够通过技术化的路径解决教育领域的诸多痛点，推动教育理念与方式的升级，提升教育活动的效率与效果，实现从传统教育向智能化教育的发展。“智能化教育是指基于智能感知、教学算法与数据决策等技术，支持个性化学习与规模化教学，形成教育的智能生态”①，所以仅仅应用智能传播技术与模式辅助教学并非智能化教育，智能化教育实践需要遵循教育的规律与要求，深入探讨如何在符合学生接受等基本原则的基础上使智能传播技术与模式发挥效能。在上海市发布的三批人工智能示范应用场景中，与“智能传播驱动下的教育”相关的有四个，分别是第一批中的上海世外教育集团，第二批中的上海体育大学中国乒乓球学院（智能乒乓球教练）、上海大学（上海大学延长校区智慧校园AI综合场景应用）、上海市黄浦区卢湾一中心小学（智慧云学校）。在此结合案例，对智能化教育发展过程中存在的问题、智能化教育治理界面的现状、优化理念与思路等作出分析。

一、教育场景治理的主要问题

中共中央、国务院印发的《中国教育现代化2035》在其总体指导思想中明确指出：“坚持优先发展学校教育，大力加快推进学校教育教学理念、体系、制度、内容、方法、治理体系现代化，着力不断提高学校教育教学质量”②。教育公平治理过程是通过一定社会程序和法律规则对高等教育中利益冲突和互相竞争的不同利益各方问题进行共同调解的一种治理过程，通过全面提高教育学习者和学生知识的有效匹配融合程度，优化师生学习过程体验，助力优质学

---

① 彭绍东：《人工智能教育的含义界定与原理挖掘》，《中国电化教育》2021年第6期，第49页。

② 李岸：《中共中央、国务院印发〈中国教育现代化2035〉》（2019年2月24日），央广网，http://china.cnr.cn/news/20190224/t20190224_524519965.shtml。

生群体个性化成长发展，辅助优质教师教育工作，改善优质教育教学管理、优化优质教育资源供给。近年来，中国的优质高等教育资源随着我国人口的不断增加和我国社会经济压力的不断增大日渐昂贵，虽然数据显示它超出了优质高等教育资源的巨大经济利用价值，但它更多地标志着优质高等教育资源的资本供应和市场需求已经完全失去了平衡。比如，在家庭教育领域，如何最大化地消除家庭教育中普遍存在的不平等教育问题，让优质家庭教育资源真正惠及每一个家庭孩子，满足广大学生家庭对每个孩子的优质教育资源问题的普遍不同诉求？这是未来家庭教育发展场景的主要战略设计发展思路，目的是通过教育满足家庭社区全方位人群的优质教育资源需求，有效地解决优质家庭教育资源稀缺，覆盖教育人群少等教育痛点。

因此，在教育过程中有必要重塑教育与学习观念。在提升教育者学习方面，有效减轻不必要的学习负担，提高教学工作过程的效率；有针对性地分析每位学习者的学习发展情况及其特征，更好地真正做到因材施教。在提升学习者教育效果方面，通过使用智能教育产品提高学习者学习的兴趣；针对每个在校学生的学习发展情况和学习实践能力等关键因素量身定制个性化学习发展方案，找出最好的适合每个学生的学习发展方法。总而言之，通过人工智能的精准化学习分析、学习场景构建、个性化推送与反馈等技术，进一步改善“教”与“学”之间的关系，从而改进学习绩效，提高学习效率。

二、智能化教育治理界面的设计理念与形态

传统的课堂教学模式以讲授、课堂、教材等作为教学中心，教师讲授是整个课堂的活动主要部分，教学活动过程基本是以教师讲授课堂内容为主，而在当下的课堂教学中，填鸭式、灌输式的传统

教学方法还大范围存在，教学活动手段单一，学生往往只能被动地学习接受基础知识的综合传播，学习过程缺乏教师主动性与学生创造性。在传统课堂教育教学模式下，学生必须到指定的教室、在固定的时间学习，而且不能反复听课，上课的内容基本不可重复。教师选取统一的教材授课，大量讲课内容多年基本雷同，很少加入新的观点或者内容，而且教师讲授基本以板书为主，授课形式呆板单一，学生学习缺乏积极性。出现当下类似于“千校一面”的办学情形，是因为教学模式已经受到了办学体制模式、治理体制模式的双重影响，也是近年来教学改革中力求解决的难点问题。

教育的现代化包含理念和技术的现代化，其中都离不开教育治理的现代化。在这个快速变革的年代，科技改变了人们的生活方式，随之也会改变学习方式。学习的方式变了，教学的方法也必然会改变，教育治理不变就会成为影响整个教育变革的短板，所以管理者更要科学把握教育的变与不变，这样才能实现教育治理的现代化。面对数字化、智能化教育技术的快速发展，管理和技术在摩擦中相互促进，教育技术发展倒逼管理模式变革，管理模式改进促进教育技术发展，像是一对矛盾体，共同演进。智能教育教学理念创新是目前智能化教育治理界面设计最重要核心的部分，打破了与传统教育学科间的知识界限，意味着我们需要进行编写全新的教学教材、重新组织培训授课教师、生产一套现代化教学教具并投入使用、摸索传统教学操作流程等一系列的技术改进；将主动学习者的方法重新渗透到智能化教育治理界面，使智能化教育治理界面更科学有效地帮助学生学习；重新梳理传统教学操作过程，将目前传统智能课堂教学中的被动教师用户以智能传播技术与模式取代。人工智能教育和传统的教育方式相比具有技术优势大和社会属性高度融合的特征，不仅能够为教育治理提供关键性技术如信息筛选、学习分析、情境再现等，还能够通过神经网络、智能校园、自适应学习系统等辅助教育教学的决策行为，产生新的教育治理方式。充分利用智能化教育治理界面可以推进智慧校园的建设、重塑教与学关系，为学生提供个性化的学习资源与服务。下面结合上海市发布的人工智能示范应用场景案例，对智能化教育治理界面设计理念与形态予以分析。

第一，世外教育集团的“口语挑战”是世外教育集团打造的智能化英语口语学习系统，由国外英语教育专家与世外教育集团英语教研精英人员共同制定、研发英语口语评分指标，记录学校大量学生英语学习的录音数据、学生参加各类英语比赛的口语数据，在此技术上进行机器学习训练，研发出标准的口语学习测试系统。它不仅能够有效测评学生口语发音的标准程度，还能够通过VR游戏大幅增强英语学习内容的吸引力，激发学生学习参与的动力。“口语挑战”“结合语音数据分析、自然语言处理等技术将精准高效地快速识别、分析英语声音文件，并实时反馈关于英文发音与英语韵律两个不同维度的准确评价，真正达到随时随地可以辅助中小学生英语学习提高英语口语的重要目的”[①]。“VR厨房”则通过游戏的方式，引导学生在沉浸式的厨房环境中，自主完成食材选择、食物制作的过程，在“烹饪”过程中学习英文、营养相关知识。

第二，上海大学的智慧校园AI综合场景应用。上海大学正在规划建设的整个智慧大学校园，其核心与关键是校园数据，“借助目前定义好的教育数据分析模型，挖掘其中潜在的有价值的基本信息，发现内在利益关系和实际问题”[②]，通过智慧校园AI综合场景的开发，能够有效激活学生在校的各种数据，为给学生营造智能化的学习、生活环境创造了条件；同时能够有效发现学校管理过程中的各种问题，提升学校运营管理的效率，有助于推动我国学校教育各项事业健康发展，实现全面的智能化教育治理界面建设。

---

① 马云鹏:《AI赋予学校教育新面貌》,《上海信息化》2019年第9期，第65页。

② 吴明红:《基于智慧校园的PIM流程与数据智能管理平台建设》,《中国教育信息化》2016年13期，第83页。

第三，卢湾一中心小学的“云课堂”。“卢湾一中心小学的‘云课堂’不仅让人停留在一个教具上的设计变化，更让人关注到其背后可能产生的大量应用数据”①，使每个针对学生的实际学习过程动态数据更加具象地转化成一个个精确的学习数据。“云课堂”更注重的是建设新型小学教师队伍。教师教学需要根据不同学科具体特点，深度研究挖掘与梳理整合所学教材，并与其他信息科学技术素材深度融合，让素材教学内容变得更具教学趣味性、探索性。

第四，上海体育大学中国乒乓球学院的“庞伯特系统”。智能化的移动乒乓球教练机器人庞伯特通过两条移动机械臂，基于智能技术分别实现移动抛球、发球击打的功能，能够模拟真人运动员发球、击球的动作，还能够通过移动球拍快速转换器来模拟不同运动员的打法、发球风格。“庞伯特系统可与智能手机端的app自动互联，然后在智能手机端自动设置发球旋转训练等级、速度训练等级及发球落点训练位置，发球训练轨迹全方位覆盖，实现发球训练解决方案进行个性化量身定制”②，这样不仅在软硬件上重新使用“拟人化”，让其更加接近于普通人，在功能软件上，研发人员团队还重新赋予它数据分析的能力，给它重新加入了身体运动动作轨迹数据分析和肢体动作轨迹分析等功能模块，使其具备一定的学习能力和适应能力，能够根据不同的打球风格作出反应。

三、智能化教育治理界面功能的实现

从上述案例中可以发现，通过智能化教育治理界面的构建，教育理念与方式已经发生了显著的变化，这能在教学者、学生、学习

---

① 吴蓉瑾、季怡菁：《有效整合数字媒体 形成融合式新教学方式——上海市黄浦区卢湾一中心小学“云课堂”的创新实践》，《现代教学》2016年第9期，第72页。

② 陈根：《全球首个AI发球机器人，不一样的智能陪练》（2020年7月19日），澎湃新闻，https://www.thepaper.cn/newsDetail_forward_8341640。

方式等诸多层面得到体现。首先，能够更为全面、科学地掌握学生的特点与动态，建立教育学习者与接受教育者的三维数字互动画像。学生由此可以更全面、精准地深入了解自己的专业学习发展过程，知道自己主要擅长哪一个方面，哪一个方面比较薄弱等，教师也可以了解学生的学习经历、兴趣爱好等，以此来了解学生的综合学习管理能力，进行分类培养、针对性教育。学生也同样可以通过画像进一步了解教师，选择合适的、更喜欢的老师为自己授课。其次，有助于减轻教师的负担。通过引入人工智能课堂助手，促进课堂角色功能发生重大改变，人机智能协同推动课堂创新涌现，将平时的基础知识学习讲解、作业完成批改等一些基本性质的教学工作任务全部交给人工智能学习机器人，减轻教师的冗杂工作负担。教师由此可将精力放在对每个学生难点、重点的讲解上，并借此进行一定的教学改进。最后，能够实现学习场景分析，支持提供面向所有人的个性化课程学习。每位移动学习者的实际学习工作行为和具体学习成长路径被自动记录，通过结合人工智能移动学习系统分析数据技术，形成自动分析学习结果并及时数据反馈推送给实习学生和授课教师。结合移动语义库、自定义适应搜索引擎等工具，通过教师自主智能选择或学习系统自动智能选择驱动的学习方式，为每位学生提供各种个性化学习服务，促进教师个性化课程学习和学生自主选择学习。

智能化教育治理界面的应用能够使教育个性化、多样化辩证发展。教育个性化、定制化方面，不同学生学习的整个过程因人而异，因为学习起点不同，家庭经济背景不同，理解能力、认知思维倾向也可能不同，如何定制出一个人专属的学习课程计划以更好地符合当代中国学生的学习特质，以学生为中心，关注每个学生的需求，真正做到因材施教，在这方面智能化教育治理界面将发挥重要作用。教育多样化方面，创客互动学习、混合式互动学习和团队合作式互动学习将逐渐成为社会主流，群智协同发展也将成为社会共识，当专业学习真正走向多样化的学生的时候，不同学习类型的专业人才将被逐渐重新培养出来，能更好地为广大学生将来的学业发展和成长打好坚实基础。

基于个性化与多样化相结合的功能要求，需要结合不同场景中的教育需要灵活运用各种智能技术，通过构建针对性的智能化教育治理界面来实现特定的教育功能。比如，“世外教育集团通过利用Aws公司提供的Agaias人工聪慧智能学习技术和Awsagemakeras机器视觉学习分析技术，从40亿条教学数据中随机筛选了大约3万条相关数据，由新的Aws研究团队对其数据进行了多项相关的数据模型设计训练和相关数据分析验证”①，进而通过这种智能化互动教学技术帮助在校老师大幅度地减少在校作业抄写批改的教学负荷，同时又充分满足了对在校学生即时信息反馈、个性化互动学习的主要诉求，带来了令人非常满意的教学效果。而上海大学基于多生物特征融合识别技术（指纹、虹膜、面相、步态等融合个人身份鉴定的技术）的科研保密管理，利用特征提取方法，形成特征数据库，建立了不少于30万授权的人脸、人体行为、声纹等数据库，构建人工智能算法和引擎应用混合云平台，共享人工智能引擎，为不少于30个教学科研应用提供支撑。

上海市卢湾一中心小学为了满足日常课堂教学的需要，基于云平台创建了各种云工具，打通多元化的学校教育场景，打造了“云系列”产品，“云课桌、云朗读、云手表、云厨房、彩云图书馆等。它们有些是电子设备，有些是系统平台，在云课堂中发挥了举足轻重的作用”②。比如，通过云课桌能够加强学生学习过程中的合作交流，便于教师动态掌握学生的学习进度与问题，“云课桌把平板电脑

---

① 鸢玮:《亚马逊云服务（AWS）全面支撑世外教育集团逾50所学校智慧运营》（2020年11月24日），51CTO，https://cloud.51cto.com/art/202011/632714.htm。

② 吴蓉瑾:《案例 | 云课堂，深度融合教育教学》（2018年9月13日），搜狐，https://www.sohu.com/a/253595753_372523。

的小屏变成了课桌大小的大屏，既可以全屏也可以分屏。上课时，每一道练习题通过系统平台分到学生手中，显示在云课桌上，学生可以在课桌上完成所有学习内容”①。依托综合信息处理技术的强大综合数据分析平台，教师们能够最大程度地及时关注到每个阶段学生的综合学习实践需求。教师从课前的教学备课、练课到习题的教学设计、每一个学生教学实践环节的活动设计等都紧紧围绕每个学生特点来展开。通过课程后台监控终端，教师不仅能及时准确了解每个班级学生的考试成绩情况，掌握其学生理解所学知识的程度差异，还能根据每个学生的综合学习实际情况及时调整课程教学内容，强调教学重点，攻克教学难点。再如，上海体育大学中国乒乓球学院的乒乓球训练机器人“庞教练”，拥有两台分布式双目视觉系统，这一系统被形象地称为“鹰眼”，具有强大的轨迹分析和动作分析功能，通过实时捕捉、精确地记录和跟踪高速运动的乒乓球轨迹，使运动员训练时能获得更真实、更准确的反馈，从而有效地提升自己的技术水平。同时，庞博特的轨迹分析和动作分析功能还为教练员提供了宝贵的数据支持，帮助他们更科学地指导运动员的训练。

四、智能化教育治理界面的效果与问题

智能化教育治理界面的应用已经在诸多场景中实现了教育功能的创新，有效提升了教育效果，并总结、提炼了一系列具有代表性的智慧教育模式。比如，上海世外教育集团发挥自身在英语教育方面的优势，“打造了一套自适应学习+课堂实时分析+口语语音矫正的‘AI＋学校’人工智能教学系统，实现了知识点分析、学生能力量化测试、记忆曲线与遗忘规律分析、自动组卷推题、知识点掌

① 吴蓉瑾、季怡菁:《有效整合数字媒体　形成融合式新教学方式——上海市黄浦区卢湾一中心小学“云课堂”的创新实践》,《现代教学》2016年第9期，第72页。

握推测、练习行为分析”[①]。上海大学面向智能传播时代高等学校教育环境优化、教学模式改革的要求，注重智能化教育治理界面的打造，“数据驱动是智慧校园建设的基石，流程驱动则是智慧校园建设的纽带”[②]。而上海市卢湾一中心小学在不断的实践中，通过“云课堂”平台和云教育模式的优化，“从课前的备课、练习题的设计到每一个教学环节的设计、课后反思等都将紧紧围绕学生来展开，真正做到了以学生为中心，大大提高了教学效率”[③]。上海体育大学的“庞教练”能够大幅提升训练效率，把日常训练过程中重复性、长时间的“陪练”工作交给机器人，在智能技术支持下，一个机器人能够同时负责三名球员的训练，通过高级算法和先进的运动分析技术，这款机器人可以精确地跟踪和指导三名球员的训练，确保每一位球员都能得到个性化的指导和反馈。因此，这种机器人辅助训练的方式不仅提高了球员的训练效果，也赋予了教练员更强大的管理和指导能力。

“虽然未来人工智能技术可能助力实现大规模因材施教，但是目前大多数教育人工智能产品还处于初级发展阶段，在实际应用中存在着因言过其实、误以为真、不切实际等错误认识造成的实践误区”[④]。在智能化教育发展过程中还有很多问题值得关注和思考。单纯的网络基础设备、数字化资源建设和网络化沟通载体的搭建事实上无法为教学带来根本性的变革，智能教育存在着软件不够便利、设备使用情况不理想、家长学生不适应等诸多问题。如果数字校园、

---

① 潘文:《上海首批人工智能示范应用场景获认定！ AI+教育、AI+医疗……看看未来的AI生活什么样》(2020年12月8日)，周到上海，http://static.zhoudaosh.com/CFF3EBBA0CA0EB927D3A4041DEC259D6C083700DB3173C46905E4FF4E55D8653。

② 吴明红:《基于智慧校园的PIM流程与数据智能管理平台建设》,《中国教育信息化》2016年13期，第83页。

③ 吴蓉瑾、季怡菁:《有效整合数字媒体 形成融合式新教学方式——上海市黄浦区卢湾一中心小学“云课堂”的创新实践》,《现代教学》2016年第9期，第72页。

④ 汪琼、李文超:《人工智能助力因材施教：实践误区与对策》,《现代远程教育研究》2021年第3期，第3页。

智慧校园建设注重表面而忽视内涵，智能化教育治理界面未能真正融入学校教学过程和服务管理功能，那便难以从本质上推动现代化教育的发展。智能教育不仅需要技术，更需要现代化的教育治理，只有从更高层次的观念、文化、机制等方面出发，顺应、引导、规划教育教学变革，才能打造自由的、动态的、有序的、高质量的、互联互通的、更具智慧的教育环境，为科技引领教育改革奠定基础。另外，学习者的个体差异、不同场景之间“数智鸿沟”也会对智能教育方式的应用造成影响，智能化教育治理界面目前尚未根本上完全满足教育公平性和包容性需求，如果无法确保智能教育的普遍性，会在一定程度上增加教育的不公平现象。因此如何确保每位学生都能顺利适应智能教育并从中获得学习的乐趣也是亟须解决的问题。

第三节　智能传播赋能文化旅游：传承创新共舞华夏

在上海市发布的三批人工智能示范应用场景中，与“智能传播驱动下的文化旅游”相关的有三个，分别是第二批中的上海博物馆（上海博物馆智能导览和智能科研）、上海文化广播影视集团有限公司（SMG媒体内容智能生产平台），第三批的上海滨江森林公园（AI智慧公园管理与服务），“‘智能+’时代的智能化技术与文化产业在深度融合中推动了我国现行文化产业内部结构的调整升级，催生了文化产业新模式和新业态”[①]，智能传播时代的各种新趋势、新动态正在重构文化产业发展的基本逻辑，各种新兴的文化产业形态正在经历智能化的转型，“智能传播驱动下的文化产业”已经成为我国

① 解学芳、雷文宣：《“智能+”时代的现代文化产业体系：挑战与重塑》，《深圳大学学报（人文社会科学版）》2021年第4期，第56页。

经济社会发展的重要核心内容之一。而旅游是文化产业中的重要板块，我国旅游产业也正在经历快速发展，长期以来“文旅不分家”，智慧旅游也成为未来文化产业发展中的基本构成部分。“智慧旅游这一概念最初是由智慧地球和智慧城市的概念衍生而来的，指通过利用现代信息技术作为支撑，改变景区、游客以及导游等各个主体之间的交互方式，以提高效率和工作的明确性”[①]。本节论述将结合案例对智能化文化旅游治理界面作出论述。但是在不同案例分析中，将出现智慧旅游等概念，为避免混淆特此说明。

一、文化旅游场景治理的主要问题

智能传播与文化旅游产业结合主要运用在文旅相关的场景中，如博物馆、森林公园等。这些场景的社会治理的主要内容为：通过融合智能传播完善文化旅游产业，带给市民更加丰富的文化旅游体验，帮助文化的传播与旅游业的发展。文化旅游在城市社会治理中与医疗、教育等领域相比有一定差异，其主要功能不属于城市治理的基础功能，不能够取代医疗等的基础功能带给人们相应的产品。不过在社会治理中，文化旅游场景并非不重要，而是起到了锦上添花的效果，并且在一定程度上可以为其他场景治理带来辅助效果。如今，城市的发展越来越快，基础设施在不断完善，文化旅游产业可以为人们提供旅游休闲之地，提高市民生活质量、丰富市民生活内容。

智能传播驱动下的文化旅游一般从下列几个角度进行融合从而达到社会治理的目的：完善场景场馆或园区基础设施的建设（如智慧垃圾桶）；增加人工智能在展览中的运用（如VR体验）；在互联网背景下融合新媒体平台拓展市场（运营B站账号，吸引年轻用户

---

① 朱万春、刘松：《以现代科技支持的智慧旅游理论与实践应用研究》，《科研管理》2021年第6期，第210页。

群体）。面向智能传播时代的要求，文旅产业发展中的治理需求体现为诸多方面，在此从以下三个方面做简要分析。首先，文旅基础设施有智慧化改造的需求，文化旅游场景的传统治理方式难以有效满足现今人们的需求，因而园区、展馆不得不进行智慧化的改造。近年来，随着社会与时代的发展进步，国家政府推动了许多治理政策的施行。例如，垃圾分类政策，虽然很早便有了分类垃圾桶，但并没有普及化与义务化。如今园区传统的垃圾收纳方式难以满足政策的实施要求，与人工智能相结合则可以解决这些问题。智慧垃圾桶的设置便于工作人员进行垃圾分类，大大提高了工作效率。园区巡查的电子化也协助安保人员更加有效地保卫人们的安全。其次，文旅产业产品有多样化发展的诉求，老旧的基础设施无法与高速发展的城市相匹配，单一的展览也无法满足人们的文化旅游需求，VR、AR等的引入，不仅丰富了游客们的参观体验，促使人们更好地接受文化的熏陶，也能够提高社会的整体文化素养。再次，文旅产业需要有效应对时代的变迁，近年来新冠疫情对文旅产业形成一定冲击，此时便体现出“智能传播驱动”的重要性，各大网络媒体平台账户的运营使得人们足不出户便可享受到优质的文化旅游资源，避免了难以维护场馆日常建设的窘境。

文化旅游产业与智能传播的结合，可以提高我国文化旅游产业本身的综合水平。智能化文化旅游治理界面的构建能够提升实体场景的设施建设，有助于应对复杂多变的社会格局。线上文化旅游平台的建设，不仅可以协助线下场景的社会治理、丰富人们的文旅体验，也可以有效解决特殊事件对产业造成的冲击。

二、文化旅游场景的传统治理方式

文化旅游场景的传统治理方式体现在实体园区、景区、馆区等运营过程中，各场景治理方式相仿，主要为按照一定的逻辑划分几个大的板块并依次陈设展览，或将景区划为几个部分并为游客设置游览顺序，使之完成展览。统一化的展馆分布便于展馆管理，便于各展馆之间的交流学习与资源共享，相仿的展览陈设使得在场馆之间交流文物展览能够更便捷地进行，无须额外策划新的展览模式或建设相应的展区。传统的治理方式也便于参观的市民形成系统的知识体系，市民只需按照现有的文化知识体系不断增加新的文化知识，减少了人们对各文化旅游场景进行思考的时间，促使人们更轻松地学习文旅知识。不过，如今各方面的治理方式正发生改变，文化旅游也不得不随之改变治理方式，以满足人们的需求。

传统治理方式体现了文旅场馆与市民互赢的治理理念。形式统一的治理方式，便于各个园区的管理，传统园区只需按照既有的模式进行展览设置与场馆、景区运营，便能够维持园区的常规开销，同时人们也能够获得文化层面的熏陶，满足自我的精神世界需求。传统治理方式的互赢理念虽能满足传统城市的文化需求。然而其治理形式需要根据时代的变迁进行改变，否则无法满足人们的文化需求。

三、智能化文化旅游治理界面的设计理念与形态

智能化文化旅游治理界面的设计理念为以人为本，优化人的体验，同时维持园区、景区的良性运营，真正实现游客与园区的互利共赢。虽然传统理念在新时代使用传统的治理方式难以真正落实，但若与智能传播技术与模式相结合，则有望贯彻。因而，针对文化旅游业的智能化文化旅游治理界面的设计理念与传统理念相仿，旨在促使文化旅游业的各个园区、景区本身的欣欣向荣，为人民带来更加丰富的文化休闲体验，丰富人们的文化旅游生活，使市民们更加便利地获取相应资源，例如，人们不再需要在烈日下排队购票，就可以提前预约入馆，丰富线上内容。

智能化文化旅游治理界面的形态与功能旨在更加有效地服务人民，更加智慧地在文化旅游产业领域进行治理。本场景的智能产品的主要设计形态包括：引入VR、AR等技术，丰富展馆陈设，引入智能传播技术与模式，促进展馆本身的发展，如修复文物、典籍数字化等；与人工智能结合，丰富市民的视听体验，如趣味参观、个性化定制参观路线；移动导览APP、场馆VR等技术。以上海博物馆智能化文化旅游治理界面为例，对智能产品形态设计进行分析。上海博物馆的智能化文化旅游治理界面主要针对上述的前两种形态：其一是博物馆自身的业务研究与文物保护，即引入智能传播技术与模式，促进场馆自身的发展，“上海博物馆采用了算法分析与数据智能梳理的人工智能技术，帮助文物修复专家进行文物清理预判、残缺补全等各个方面的辅助工作，提高上海博物馆文物的修复的准确性，并提高专家的修复效率”[①]。其二是设置AI展厅导览。AI智能导览产品通过结合参观游客票务方面的非隐私信息（如性别、公开的喜好等）进行综合的分析，可以为每个游客量身定制参观路线，打造独特的参观体验；通过设计个性化的路线、虚拟显示导览以及进行智能交流，帮助游客更好地选择最适合自己的、自己最喜欢的参观学习路线，大大提高文化受众的学习效率。此外，上海博物馆也引入了先进的光场技术，并以“‘大英博物馆百物展：浓缩的世界史’为主题，通过采集百物展各个展厅广场数据打破时空限制实现了虚拟漫游展览，用人工智能科技丰富着人们的参观体验”[②]。

以上海文化广播影视集团有限公司引入的智能传播技术与模式为例，其智能化文化旅游治理界面的典型代表为SMG媒体内容智

① 《上博将打造“智慧场馆”：AI展厅导览和AI文物科研先行》（2020年1月6日），澎湃新闻，https://www.sohu.com/a/365089128_260616。

② 高玥珺：《用光场技术实现虚拟漫游展览——以上海博物馆为例》，《博物院》2020年第4期，第104—109页。

能生产平台。智能生产平台通过将人工智能与融媒体结合，采用智能化的内容采集、制作与播出方式，全方面提升媒体的内容生产传播效果。SMG媒体内容智能生产平台的具体功能表现为：利用相关的智能传播技术与模式，提高媒体内容创作的效率；采用人工智能技术实现虚拟主持、虚拟播报，虚拟主播“申䒕雅”已经进入到观众们的视野中，为人们带来别样的视听体验。此外，“SMG也尝试采用了5G全息直播系统的人工智能技术，经过模型的计算与处理，一比一地还原了主持人的形象，实现了打破时空的采访与对话”①。再以上海滨江森林公园为例，其智能化文化旅游治理界面的预期目标主要为使人工智能技术赋能文化旅游，以“服务游客”为核心目的，根据游客的需求，提供个性化的游园服务，实现沉浸式的个性化与独特的游园体验，“上海滨江森林公园也计划使用人工智能技术，全方位升级园区，实现无人驾驶作业、VR全景展示游园等多项设想”②。此外，虽然许多计划并未如上海博物馆与上海文化广播影视集团有限公司的计划那样进行彻底的落地与实施，但是上海滨江森林公园也正在积极吸纳人工智能方面的人才，并与相应的人工智能企业合作，有望推出独特的智能化文化旅游治理界面，“如今部分计划在施行中，上海滨江森林公园已经引入‘智慧垃圾桶’，依托互联网技术进行园区环境的管理，近日2.0版本的智慧垃圾桶问世，升级优化了老版的智慧垃圾桶，使得垃圾桶的耐用性得到提升，并拥有了防水防尘功能”③，通过设置智能开关有效解决了夜间

---

① SMG科创中心:《SMG入选上海市第二批人工智能试点应用场景》. 智慧媒体制播应用国家广播电视总局重点实验室，2020年8月10日，https://www.birtv.com/nshow-NTM2-OTQ0OA.html。

② 绿色上海:《上海滨江森林公园全力助推本市第三批人工智能应用场景建设》，澎湃新闻，2020年8月5日，http://lhsr.sh.gov.cn/ywdt/20200805/aa840d67-c6fe-4b05-9186-bd0c26ea5d10.html。

③ 市绿化市容局:《滨江森林公园智慧垃圾桶2.0版面世［N/OL］》，市绿化市容局，2021年6月6日，https://www.shanghai.gov.cn/nw31406/20210512/e50659cb5a254f5e9c740916d43b7cdd.html。

由于野生动物翻爬垃圾桶而触发警报的问题。此外，上海滨江森林公园紧跟时代，园区现已经全面覆盖了5G网络，智能化文化旅游治理界面建设日益完善。

四、智能化文化旅游治理界面功能的实现

依据本场景的智能产品设计形态以及设计理念，智能化文化旅游治理界面形成了如下几种功能。首先是旅游领域的智能导览、智能管理等，运用大数据分析的智能传播技术与模式，结合收集到的经过人们同意使用的信息进行个性化的“私人定制”，为每位参观游览者打造独特的游览路线；采用数据分析技术，对每日游客数量进行把控、管理，“依托5G技术与大数据分析技术，能够有效对人流量通过线上预约参展与线下登记进行控制，满足人们的参展或游园需求”①。除了上述两种智慧旅游领域的创新功能之外，在文化产业的内容生产等场景中还形成了新的功能，比如文物修复，运用大数据与算法等智能传播技术与模式，对损毁文物的修复方式与手段进行预判，提高专家修复的准确率与修复效率，同时也能够有效录入文物信息，便于日后的研究。再如全息直播，全息技术能够有效面对复杂多变的危机时期，如嘉宾不便出席重要会议或文艺晚会，则可以使用全息技术，5G的普及也使全息技术的应用更加便利。

在文化旅游应用场景中，大数据、算法技术的运用较为普遍，大数据分析技术能够有效应对文化旅游产业应用场景中的许多问题，“大数据时代背景下，深化信息技术运用和与互联网相融合是旅游产业发展和城市建设的必然趋势”②。针对智能化文化旅游治理界面的构建，大数据分析技术能够运用所得的数据进行分析，园区或者展馆

---

① 郭蔚:《旅游文化中的智能产品创新设计应用研究》,《艺术家》2020年第2期，第55页。

② 白然、田敏娜、李庆生、苏杭:《大数据时代智慧旅游城市建设探讨》,《商业经济研究》2021年第4期，第180页。

可以有效地利用大数据分析得出的结论进行相应的改进与完善，优先完善急需进行智慧化的基础设施与参观游客智慧化呼声最高的设施。此外，大数据分析技术的运用还可以帮助应用场景的智能化文化旅游治理界面的多样化使用。大数据分析技术可以根据人们的需求进行精准的匹配，从而落实人们需要的多样化智能产品。园区或者展馆可以根据收集到的合法数据，进行相应的智能化文化旅游治理界面功能的研发与使用。如果人们对于VR技术与虚拟展览的需求很高，当展馆或园区收到这方面的大数据分析得出的信息时，便可以优先在展馆中设置相关的VR虚拟展览。

“5G信息技术的发展和应用，以及智慧概念的提出和发展，为文旅融合背景下的5G+智慧文旅出现及发展提供了技术和理念基础”[①]，新兴的5G全息智能技术也有着重要作用，甚至起到了革命化的作用。全息技术使得人们在影视剧或者小说中才能够见到的打破时空界限的采访变成了现实，如今SMG尝试采用5G全息直播系统的智能传播技术与模式，经过模型的计算与处理，一比一地还原主持人的形象，实现打破时空的采访与对话。5G全息智能技术的研发，使虚拟世界与现实世界有着打通的可能性，未来全息技术可能在除文化旅游产业之外的领域进行应用，将对社会进行更为全方面的治理并有望成为一种较为基础的治理方式。

在本场景中，基于智能化文化旅游治理界面的应用，参与治理的主体之间的相互关系发生了变化。比如园区、景区与员工的关系发生了变化。智能化文化旅游治理界面的使用大大解放了员工的劳动力，这有可能会导致部分员工失去工作，但同时也为一些员工带来新的工作机遇；场馆或者景区、园区的员工逐渐以技术人员为主，以劳动力为主的员工人数将会减少，将来以劳动力为主的员工可能会因为智慧垃圾桶这类与人工智能结合的产品而不得不离开园区或

---

① 冯继强、徐勇敏：《5G+智慧文旅：图书馆文旅融合发展的新模式》，《图书与情报》2020年第4期，第79页。

转换工种。同时，园区与参观者的关系也会发生改变。在过去，园区为参观者设立了系列的展览，参观者则机械地跟着园区的规划一步一步进行参观，或者是在景区中进行游览。现在，园区、展览馆与景区渐渐以游客为主，以大数据和算法等技术作为支撑，以满足人们的文化精神需求为主要的核心目的，个性化地进行参观路线的规划以及进行虚拟的导览，帮助参观者更好地进行参观，同时也提高了该领域社会治理的效率。

五、智能化文化旅游治理界面的效果与问题

智能化文化旅游治理界面在部分场景中已经得到了使用，不过在有的地区，场景还只停留在规划阶段。得到使用的智能化文化旅游治理界面的主要模式以在线下实体园区的应用为主，能帮助游客更好地参观游览实体园区景区。投入使用的智能产品实现了比较好的治理效果。比如，大数据分析已经被多个文化旅游园区或景区进行使用，有效地对人流量进行了控制。依托大数据的智能导览也在许多相应的场景中进行了运用并起到显著效果，人们能够根据自身的需求个性化参观展览、学习知识、提高文化素养。其他的智能产品同样在对应的场景中发挥着举足轻重的作用，帮助城市进行着文化旅游方面的治理。但是，这些智能产品的适用范围与应用场景有些局限性，“智慧旅游应该有更高要求和更明确的目标。智慧旅游有赖于硬件和软件两方面的提高：着力建设旅游信息集成管理系统；着力增强数据挖掘分析和应用能力”①。

智能化文化旅游治理界面仍处于优化过程之中，如今很多智能产品还存在许多的问题。首先大数据技术在文化旅游行业的应用中

① 刘治彦、季俊宇、商波、李承烨:《智慧旅游发展现状和趋势》,《企业经济》2019年第10期，第68页。

仍会涉及隐私问题，虽然不获取游客信息就无法为人们提供良好的个性化服务，但是获取的信息是否会泄露是人们关注的问题，即便园区、景区信守承诺不将获取的游客信息售卖出去或主动泄露，但是一些不良商家有可能侵入园区的大数据系统、盗取信息。该问题不仅仅针对文化旅游场景，也存在于其他的社会治理场景中，若要有效解决问题，需要国家政府的政策支持以及强大的智能技术做支撑，虽然看似困难，但该问题的解决是十分有必要的，它关系到我们每个人的信息安全，甚至国家信息安全。其次，园区或展区过于依赖线下的实体展览，智能化文化旅游治理界面的应用有待进一步推广。光场技术、大数据技术等技术往往被用于实体园区、景区，而在万物互联的时代，其在网络文化领域的应用也是十分重要的。最后，许多智能化文化旅游治理界面的功能还停留在设想、规划阶段，并没有针对文化旅游产业的治理领域，进行落实与落地，因而还有非常大的发展空间。当各领域与人工智能结合高速发展时，文化旅游场景就能游刃有余地根据时代的变迁进行相应的发展与落实。

第四节　智能传播共建智慧社区：携手共创美好家园

“新时代背景下智慧社区建设是塑造现代化新型城乡社区形态的现实需求，是促进社区居民实现美好生活的内在驱动力，是推进传统城市经济转型和升级的重要保障，同时也是提升公共服务和社会治理水平的有效路径”[①]。社区是超大城市发展的基本组成部分，是市民生活的核心空间，社区治理水平与人民生活幸福感有直接的关系。

---

① 曹海军、侯甜甜:《新时代背景下智慧社区建设：价值、逻辑与路径》,《广西社会科学》2021年第2期，第1页。

"智慧社区为社区居民提供一个安全、便利、丰富的现代化、智慧化生活环境，这种智能化、信息化社会服务与管理的模型成为一种新的管理形态"①。在上海市发布的人工智能示范应用场景中，与"智能传播驱动下的社区"相关的是第一批中的长宁区北新泾街道。在此结合智慧社区建设的现状与问题，对智能化社区治理界面相关问题做些探讨。

一、社区治理场景的主要问题

"未来社区的建设和发展面临着技术进步与社会分化、空间共享与隐私保护、发展扩张与制度滞后、人机共生和人的主体性、创新发展与监督管理等悖论和挑战"②，现代社区治理的问题来源于多个方面，很多问题比较突出，主要存在于三个方面。首先是安全问题。不少老旧小区的社区监控、停车场监控系统面临瘫痪，楼宇对讲系统也是可有可无；居民自身的安防意识不强，单元门甚至家门都长期敞开，导致偷盗事件频发。除此以外，保安看管不严格，也导致小区内人员来往频繁、混乱，治安状况令人担忧。其次是基础设施老旧，小区缺少现代化的基础设施，例如电梯、停车场等等，造成业主生活不便，特别是在停车方面，很多建造年代比较早的小区没有规划足够的、专门的停车场地，给小区的车位管理、停车引导等工作带来很大困扰。再次是物业模式落后，若是遇到收费或者收集信息的活动，只能通过人工的方式，效率较差、出错率高。

针对基础设施缺乏、资源配套不足等问题，社区治理存在诸多困境。比如，因为政府将一些社会职能下沉，面对较大的工作量，基层

① 罗珊珊：《为社区居民提供现代化、智慧化生活环境 智慧社区便民惠民》（2021年6月4日），华龙网，http://news.cqnews.net/html/2021-06/04/content_51367613.html。

② 曾智洪、陈煜超、朱铭洁：《城市未来社区智慧治理面临的五大挑战及其超越》，《杭州师范大学学报（社会科学版）》2020年第4期，第130页。

社区的经费和人手往往不足，给社区工作者的活动带来了压力。此外，在传统治理模式之下，相互沟通的时间成本居高不下，对于类似违章搭建、违规出租等现象，只能采取上门劝说的方式，导致这类社区工作往往陷入僵局。在社区治理中需要针对不同问题思考相应对策。比如，针对社区工作者工作量太大的问题，我们需要减轻社区工作者的负担，提高工作效率与质量；基于老旧小区陈旧的基础设施，我们需要解决社区因为现有能力不足而存在的一些安全问题，保证居民生活的基础；针对社区内多元化模式的居民娱乐活动的混乱无章，我们需要强化社区多元化治理，提高居民生活质量等。

仍以老旧小区治理为例。针对上文提到过的老旧小区的痛点问题，目前的方案是首先解决安全问题。不少老旧小区开始在小区的出入口安装监控探头，对出入小区的人、车进行监控，而且也会在单元楼的大门处装上门禁系统，一般是采用按铃的模式，由楼内的住户点按钮来开门。然而大量小区人员流动频繁，包括外卖员与快递员的频繁出入，给门禁系统带来一定压力。其次是解决生活不便问题，特别是停车难问题。目前都是由人工协调来填补技术上的不足，老旧小区会配有保安，在大门口记下来往车牌号，控制小区内停放车辆的数量，或者拦停陌生车牌车辆。在物业模式这一方面，居民信息的登记通常采用人工上门记录信息，报修通常是由居民通报给楼组长或者是居委会，由居委会再来联络物业人员进行修理。对于垃圾分类，传统的整治方法依旧是依靠人力，在社区安排各个时段值班的志愿者以监督居民进行垃圾分类。由此可见，社区治理的传统治理模式，主要依靠人力，无论是安保、停车还是收集信息、检查垃圾分类，都需要人工进行，消耗大、效率也低。

二、智能化社区治理界面的设计理念与形态

“智慧社区在快速发展中表现出的诸多问题，比如‘反治理行

为’‘实际发生的成本’‘设计脱离群众’等”[①]，针对现有的社区工作负担过大，以及社区多元化治理模式落后的问题，人们开始在智能领域寻找能够解决现有痛点问题的方法。为了做到让居民在社区中就能便捷地享受到各种功能，智能化社区治理界面的功能需要得到创新与扩展，这涉及居民生活的方方面面，小到居民身边的智慧家居、智慧楼宇，大到社区医院、社区养老等。“城市社区智慧治理的整合机制包括规则与技术的互嵌意愿、规则与技术的互惠规范、规则与技术的体制融合、规则与技术的治理创新”[②]，智能化社区治理界面主要受治理价值转变和治理效率提升等内部因素影响，以及政策导向、市场创新、技术改良、群众需求等外部因素驱动，需要通过技术与规则的理念嵌入、平台融合和能力提升，建构城市社区智慧治理的需求、运作和支撑系统。

智能化社区治理界面主要涉及智能家居、智慧楼宇、智慧物业、社区活动等场景，涵盖了市民生活的方方面面，并且有效地覆盖了预期的治理目标。社区安全问题方面，智能化社区治理界面的安防系统从进入小区大门到居民回到自己家中全程都能够切实地保护居民的安全，智慧社区在小区的大门口设置了摄像头与人脸识别，通过加装带有面部识别芯片的高清网络摄像头，抓拍出入小区的人员，防止外部人员进入小区。这种摄像头可以灵敏地捕捉动态物体，准确地识别业主身份，甚至可以与公安局的嫌疑人面部数据相比对。除此以外还有智能道闸，智能道闸可以快速识别车牌并自动登记，记录停靠时间，等同一辆车再次驶出小区时便可以自动计算出停车费用，并通过人脸识别自动收费，这种检测方式与以往的由保安人工记录车辆进入时间相比，大大增加了车辆进出小区的速度，减少了高峰时间车辆出入小区的拥挤时间，也减少了高峰时间发生事故的隐患。

---

① 王迪：《智慧社区发展的未来趋势：从设计本位到生活本位》，《福建论坛（人文社会科学版）》2020年第8期，第92页。

② 朱懿：《城市社区智慧治理的整合机制研究》，《企业经济》2021年第3期，第80页。

业主在小区内行进的过程中，也受到了AR立体防控系统的保护。这种系统借助社区的高点监控，能够掌握整个社区的信息，一旦发生应急事件，此系统就可以立马调出事发地点的视频，便于社区工作者及时处理问题。楼宇门禁方面也得到了大大的加强。往日的单元楼大门因为住户自己贪图方便不想带钥匙，经常会被人为地敞开，而智慧门禁通过人脸识别系统，只允许此栋单元楼中的住户进入，避免了其他不必要的骚扰。考虑到住户之间串门、拜访的问题，智慧门禁也人性化地设置了提前预约的系统，住户可以直接在手机APP上进行预约拜访，物业人员以及消防人员可以通过APP预约进入单元楼内。智能化社区治理界面对居民人身安全的防护甚至可以延伸到居民家中，比如无论老人是意外摔倒还是长时间没有动静，都能被系统检测到，并且反馈给家属以及社区工作人员进行及时处理。

在业主生活不便这一问题上，智能化社区治理界面也在停车事宜上作出了很多智能化改进。智慧社区在停车场的改建上，引入了智能车位锁、智能车位引导、智能停车机器人等设备，使业主停车更加便利。智能化社区治理界面也在车辆创新管理方面作出了诸多探索，例如车位实时查询与分享、智能充电等，解决了长期以来困扰业主的停车问题。而在为社区成员提供多元丰富的生活方面，智能化社区治理界面更是下了很大的功夫，为了便利居民的生活，智慧社区在社区中设置了快递柜、无人超市；在物业管理方面，智慧社区配备有智能垃圾桶以及智能清扫机器人；智慧社区在环境治理方面也配备有智能喷淋绿化、智能照明等设施；在垃圾分类方面，智能垃圾分类系统可以用语音提醒居民正确地投放垃圾，减少了人工的成本。

上海市长宁区的北新泾街道是目前智能化社区治理界面构建较好的一个案例。作为全市三批试点中唯一的“智能传播驱动下的社区”场景建设主体，北新泾街道从2018年底就开始尝试将人工智能融入社区的基础设施建设以及居民的生活。北新泾街道入选了上海市官方发布的首批人工智能示范应用场景。北新泾街道将人工智能与居民的日常生活很好地结合，很多设施都以便民为目的而设置。首先，北新泾街道很好地结合人工智能完成了便民生活这一目标，例如设置“智慧健康小屋”，目的是让社区成员省去为了看一些小病而特地前往医院的工夫。在“智慧健康小屋”中，人们可以看病配药、输液，其中的智能设备可以用于居民体检、量血压等，而这些数据居民在手机APP上就可以查看到；为了更好的照顾社区内的老年人，北新泾街道推出“智慧健康养老”服务，设立了专门的服务中心，用人工智能辅助完成居民养老的需求；“一网通办”服务则包含了很多的政务项目，原先需要居民往返社区中心，办理医保、缴纳公费等烦琐事务，如今都可以在社区中通过智能终端设备完成，免去了居民等待的时间。在丰富居民生活方面，“智慧书房”将图书馆的内容挪到社区，通过电子书的模式呈现，居民便可以通过智能设备快速借书、还书，这些智能设备甚至还具有听书、阅读的功能；为了让居民省掉去健身房的麻烦，北新泾社区设立健身“体魔方”，它能够结合居民的个人健康档案制作出个性化的运动方案，帮助居民进行更加科学化的健身运动，深受年轻人和白领的欢迎。如今的北新泾街道更是持续推进智能传播驱动下的社区项目，其职能不仅在于居民办事、医疗、阅读、健身，还扩展到了购物、社交等方面，未来的智能化社区治理界面将会涵盖更多方面。

三、智能化社区治理界面功能的实现

在智能化社区治理界面构建过程中，运用物联网、云计算、移动互联网、AI等技术对社区进行改造，尽可能在智慧社区中包含现代生活需要的各种功能，让业主足不出户就可享受到一切社会服务。而智能化社区治理界面要实现最终目的，所需达成的一个前提便是让居民仅仅通过手机APP，即可享受到智慧社区中的大部分服务，让人们的生活更加的便捷、高效，让AI取代人工为居民服务。

社区治理模式的改造过程中，社区工作者需要跳出以往的工作模式，改变原有的人工随机勘察的方式，以一种更全面的角度来看待社区治理。两种崭新的传播模式能够帮助理解智能产品如何改变社区治理模式。第一种传播方式是链接式传播，在智能楼宇中有比较成熟的应用。链接式代表着各个楼宇都与其终端相链接，也就是说通过在各个楼宇中，例如电梯中安装摄像头获取视频信号，物业的工作人员可以在一张大屏幕上看到整个社区的楼宇的情况，若是某一楼宇出现事故，工作人员也可以第一时间发现。链接式传播使原本分散的楼宇成为一个整体，为社区的智能化、现代化管理提供了保障，高效地保证了居民的安全。第二种传播方式是覆盖式传播，在智能家居中有比较成熟的应用。智能家居整体的运作模式正是印证了覆盖式这一名称，以业主的家作为一个舞台，覆盖业主整个家庭生活的方方面面。每天早晨智能闹钟会提醒业主起床，智能空调会根据屋内状况自动调节温度，智能电视会定点自动打开播放每天的新闻，在挑衣服时智能管家会提醒业主当天的温度，是否需要多穿衣服，业主出门时智能管家自动关闭屋内所有电器，这种覆盖式传播模式就像一张网，将业主生活的方方面面都照顾周全。除了便捷业主的生活，智能家居还会成为业主的存储中心。未来的数据时代，数据将会成为人们生活的重要组成部分，正如同以前的人们需要谨慎保管房产证、户口本那样，未来的人们需要保管的就是这些重要的数据，而智能家居则可以作为一个数据存储中心，来存储业主的各种重要数据，保障业主的数据安全。

智能化社区治理界面诸多功能的构建是由多种智能技术综合支撑而实现的，在此分别结合几种代表性的智能技术予以分析。首先是5G+AIoT技术的应用。AIoT（Artificial Intelligence & Internet of Things）基于AI与IoT的作用，通过人工智能技术与物联网技术相互结合，实现物与物、物与人之间复合化的信息交流。而随着5G时代的到来，高速率、低时延、大容量的5G技术与AIoT相互结合，也将智慧社区的技术推向另一个高度，5G自身的高速度能为物联网带来快速的信息传输通道。“基于技术手段的运用，以区域化治理为中心，技术监管通过搭建技术化的综合监管平台，打通了线上和线下的分割状态，实现了信息支撑数据、数据引导流程再造的动力机制重构”[①]。智慧社区中的大部分功能的实现都依靠着数据汇集与传播，而实现高效率的数据传播，也需要现有网络中更快的传输速度。目前智慧社区的不少功能正是得益于5G+AIoT的技术才得以实现。例如，在社区医疗方面，因为5G技术超快的传播速度，医疗信息互相传输的速度也得以加快，用户体检的实时数据可以快速地反馈进系统之中，与社区的医疗平台实时互通，居民的就医彻底突破了时间和空间的限制，大幅缩短了居民的就医路程，居民在家门口的社区中就可以接受医疗服务。

人脸识别、指纹识别、车辆感知、垃圾箱感知等技术则是得益于5G技术中的无感知采集数据技术，通过识别、感知系统，迅速地将信息反馈到平台与数据库，平台与数据库进行比对后，再立刻反馈回识别设施，作出下一步反应，速度极快，并且完全都是数据无感知采集，省去了社区成员管理社区的大量人工成本，还提高了工作效率。同时，5G+AIoT资源整合的能力，也使类似于智慧消防、智慧人闸包括上文提到过的智慧楼宇等设施得以成功使用，所有数据都汇集到物业处，管理员能够更便捷、全面地观察社区内的整体状况。这种模式也使得物业的治理模式更加高效，因为5G+AIoT使物业的数据统计与关联成为简单高效的事情，物业在5G的帮助下完全可以对社区内的各种数据进行掌握、处理。在社区服务方面，人工智能的感知技术也能让社区工作者及时发现社区中被服务人群的需要。总而言之，5G的高传输效率使智慧社区中各种高难度技术都有了实现的可能。

---

① 钱坤:《技术监管：智慧社区大脑新型风险监测与处置模式建构》,《行政论坛》2020年第4期，第99页。

除了使数据流通的5G技术以及革新观念的传播模式，还需要多种智能技术使智能化社区治理界面能够具备智能识别、分析等功能。比如，计算机视觉智能分析系统目前在智慧社区建设中的应用越来越多，它的原理在于通过视觉识别技术对视频中的物体比如车辆或人物进行特征识别、比对，从而匹配人员的身份，而且也能够智能抓捕移动中的物体。如，社区人口信息动态采集系统，通过这个系统能够“更快捷地收集社区人员的信息，并且其采集的信息也更为准确，尽量减少了人员的流动对信息采集造成的误差”①。再如，智慧社区大数据物管系统，能够让社区的链接式治理模式成为可能，也让5G技术有了可以发挥的空间。社区智能采集设备大量出现，其每日采集到的数据量也很庞大，必须有专门的系统对数据进行分析管理，才能够让社区工作者根据数据来判断需要改进的地方并制定治理措施，使数据的价值达到最大化。另外，智慧社区预警移动系统的应用也为提升社区安全程度发挥了重要作用，正是这些系统对数据进行采集、分析、处理，整个智慧社区才能在AI的帮助下达到一体化，实现社区各方面管理的高效化、可视化、可控化，构建真正的集管理、服务、人性化于一体的智慧社区体系，形成真正意义上的“社区智慧大脑”。

“作为原子化的各方行动者，在参与智慧社区建设过程中存在着基于利益、角色、有限理性及自身定位策略性博弈行为，实现智慧社区建设行动者的再动员，形成相对稳定的行动者利益网络联盟，并通过协商与沟通、对话与制衡机制的构建组成利益共同体，协同推进智慧社区建设”②，智能化社区治理界面使社区治理不再仅仅是社区工作人员的事情，而成为需要业主、物业、社区工作者三者紧密配合、联系的事情。智慧物业管理模式的应用，改变了传统的由业

---

① 鲍敏:《AI+IoT赋能智慧社区的现状和技术趋势》,《人工智能》2019年第1期，第67页。

② 吴旭红:《智慧社区建设何以可能？——基于整合性行动框架的分析》,《公共管理学报》2020年第4期，第110页。

主到居委会再到物业的单线联系，而成为三者共用一个平台的多线联系。智能设备采集到的信息传给物业与社区工作者，两者通过使用共同的数据，分析其各自的职能所需要完善的方面，居民自身的积极配合与参与也使得这些智能设施得以发挥作用。可以说，居民在社区的治理上与物业、社区工作者有了更紧密的联系。然而，智能化社区治理界面在提高社区工作人员效率、提高居民生活质量的情况下，不得不面对的问题是邻里关系的生疏。人们与社区工作人员乃至社区其他居民的联系将会逐渐变弱，有了社区的这些智慧系统，居民已经不再需要有事跑一趟居委，而是通过手机APP就能实现，比如为了便民而设置的快递站，让人们甚至不需要与快递员接触就能拿到快递，这样一算人们一天之中需要与外界互动的次数寥寥无几，而这点也在年轻人之中尤为明显。为了缓解这种问题，智慧社区设置了很多吸引人们一起参与的社区设施，例如北新泾街道中的智慧书房等。

四、智能化社区治理界面的效果与问题

“在智慧社区的推进环节，需要城市与社区的顶层设计，需要充分考虑风险感知、决策分析、组织协同、合作治理、社区动员与科技赋能等多个关键环节及其衔接，以综合打造高风险社会的智慧社区敏捷治理体系”①。智能化社区治理界面的投入使用，其最显著的效果便是社区的治理能力大大地提高了，业主反映问题的速度变快了，社区工作者通过智慧社区大数据物管系统发现问题的速度变快了，并且在智能技术的帮助下，解决问题的速度也变快了。街道的“社区大脑”接入市区的一网统管系统，能够及时发现问题，解决问题，

---

① 葛天任、裴琳娜:《高风险社会的智慧社区建设与敏捷治理变革》,《理论与改革》2020年第5期，第85页。

充分利用现有的智能技术解决了社区治理的痛点问题，社区内垃圾分类、物业治理的效率也得到了提升。目前，北新泾街道发现问题的数量由每天20件增加到每天35件，95%的问题都能在一个小时内发现，并且使用智能监控视频巡逻、智能感知等技术，实现了每天24小时的实时发现问题，将传统的人工巡逻变成了人工+科技巡逻。此外，智慧社区也实现了政府与企业共同建设社区的模式，形成了政府、居民、企业三方共赢的局面。北新泾街道正是这样的一个实验地点，政府引导，企业提供技术，不仅改善了居民的生活，也给了很多企业新的发展方向。

智能化社区治理界面虽然智能、高效，但是随之而来的问题也有很多，"目前我国智慧社区建设中存在着缺乏统一规划、社区资源有限、主体定位模糊和城乡差异明显等问题"①。首先，社区中配置的各个智能设施硬件不同，兼容性有待提升。各个企业的智能产品所使用的协议不同，在社区应用场景中难以使这些设施做到兼容。其次，居民的主体性不足，其作为社区问题的发现者，有时却很难参与到真正的社区治理环节。正如前文所说，传统的社区中居委会与居民的关系紧密，因为居委会治理社区缺少不了居民的帮助，比如会设置单元楼的楼组长，或者从社区居民中选出志愿者分发传单、登记信息。在传统社区中，居民是社区治理的重要参与者，而在智慧社区中，大量事务都由APP与AI执行，虽然如北新泾这类社区提供了很多可以让居民享受的服务，但仍不能忽视社区中社区工作者与居民紧密的关系。

---

① 曹海军、侯甜甜:《新时代背景下智慧社区建设：价值、逻辑与路径》,《广西社会科学》2021年第2期，第1页。

第四章

智能化治理界面与超大城市高效率运行

“随着城市社会复杂性、脆弱性和敏感性急剧增加，推进人工智能赋能的城市社区治理和服务，成为实现城市治理体系和治理能力现代化的必由之路”①，城市运行效率是检验其治理水平与质量的重要指标，运行效率的提升将直接影响到城市经济发展、市民生活体验，智能化治理界面的构建为提升超大城市运行效率提供了新的路径，也为克服城市高速发展与运行过程中出现的一系列问题提供了智能化解决方案。基于智能化治理界面提升城市运行对人民城市发展的基础性作用，“新型智慧城市是解决新时代人民日益增长的美好生活需要和不平衡不充分的发展之间的矛盾的一种新型社会形态”②，本章将结合上海市发布的人工智能示范应用场景中“超大城市市民高效率运行”相关的内容对这一问题作出分析。

第一节　智能传播升级政务服务：高效为民智慧政务

“政府作为社会运行中的中枢大脑，是整个社会系统中的核心和基础，智慧政府建设的重要性和必要性不言而喻”③。智能传播技术与模式在政务创新中的应用能够驱动智能政务、智慧政务的发展，改变政府工作、服务方式，有助于为百姓提供更为便捷、更加人性化

① 孟令鹏、田萃、许维胜:《人工智能赋能城市社区治理的共融模式及其实施路径》,《上海行政学院学报》2021年第2期，第83页。

② 郝寿义、马洪福:《中国智慧城市建设的作用机制与路径探索》,《区域经济评论》2021年第3期，第81页。

③ 雷鸿竹、王谦:《技术赋能、用户驱动与创新实践：智能时代下政府治理模式创新》,《西南民族大学学报（人文社会科学版）》2021年第2期，第234页。

的服务环境。“面向人工智能时代的政府必然是‘智能+政府’，是数字型政府、平台型政府、协作型政府、简约型政府和智慧型政府的效能呈现和功能叠加”[①]，如何更加有效、更加高效地将智能传播技术与模式应用到各项工作之中，已经成为各级政府需要从战略层面予以重视的问题。在上海市公布的人工智能示范应用场景中，与“智能传播驱动下的政务”相关的是第三批中的上海科创中心海关（海关科创智能监管服务）。海关是重要的政务场景，智慧海关是智慧政府的重要组成部分，习近平总书记在“中国—中东欧国家领导人峰会”上提出“智慧海关、智能边境、智享联通”合作试点的倡议，“‘三智’合作顺应新一轮科技革命潮流，提倡通过推进海关基础设施、海关管理和海关监管的智能化打造‘智慧海关’，通过推进优化边境监管手段、各边境部门协同监管和跨境合作的智能化建设‘智能边境’，通过推进海关网络的智能互联、海关治理的智能对接和全球供应链的智能合作实现‘智享联通’，体现了海关现代化建设的方向”[②]。在此以智慧海关的建设为例，审视智能传播技术与模式、产品如何在智慧政府、智能政务发展过程中得到应用，并对智能化政务治理界面在这一过程中的作用与问题作出思考。

一、政务治理场景中的主要问题——以海关为例

智慧海关使得海关在监管过程中普遍能够实现数字化处理、网络化传输、自动化操作、智能化判别，大幅度提升了各海关的监管工作效率，能更准确地预防和打击违法行为，保障合法货物无障碍进出境，以上所运用到的技术、系统、软硬件等综合而成的智慧海

① 陈潭、陈芸：《面向人工智能时代的政府未来》，《中国行政管理》2020年第6期，第57页。

② 倪岳峰：《以“智慧海关、智能边境、智享联通”引领海关贸易安全和通关便利化合作》，《中国海关》2021年第3期，第2页。

关是一种高智能化的形态。在这样的多方配合下，智慧海关将会助力科研领域、缉查领域、商业领域等，加快监察、过关速率，合理充分运用智能传播技术与模式有效地促进政府、企业、个人的发展。当然，当前智慧海关的技术、设施不是最完美的，其中许多方面有待完善，而在未来城市政务的智慧建设中，相信将会使智慧海关更进一步地智能化、自动化、数字化与可持续化，更加便利国家政治经济的建设、企业的通商环境的优化、人民的日常生活与通行。

随着我国在世界贸易中地位的提升以及国内外多方面交流的发展，海关出入境人员和物品数量近年来有着不断增加的趋势，这给我国海关的日常工作带来比较大的挑战，比如给旅检、缉私带来了更大压力。传统海关中的人工检查、监督管理效率低、易出错，所用人员冗杂，信息不能及时互通，因而起不到较好的全面监管作用，会影响到海关安防监管的及时性、有效性、安全性。不论过去还是现在，走私犯罪行为都没有淡出我们的视野，走私人体细胞、活体生物、毒品、各种商业材料，都会影响到国内的社会人文环境以及生态环境，影响商业的平衡与公平性。因此海关亟须采取一系列措施来抵制与缉查企业、水客的走私犯罪行为。在科研领域，有些科创企业由于研发周期要求迫切，药品需求紧急，但是设备进口审批流程复杂，一旦拖慢了进程，或是中间出现了问题，都会影响项目顺利进展，这也是对科研领域的一种损失。在这样的情况下，海关需要设立一个专为科研领域服务的机构来助力企业顺利开展相应的科研活动。

海关传统的治理方式有人工查验模式，人工查验可以采用彻底查验或者是抽查的方式，如果单用人工查验会导致准确性、及时性不高的问题。人工开箱查验方式纵然全面，但却耗时耗力，对于企业、司机和海关关员来说，都是一项不轻松的工作。彻底查验指的是不放过每一批货物，细致入微地进行全面查验，可想而知此种方式将会大大地耗费海关的人力资源，在时间上也会耽误企业、个人的正常通关。而抽查的方式却也有着不可忽视的问题，海关关员并不知道哪一批货物是可疑的，一定程度上会加大放过可疑货物的风险。因此，在海关没有智能化、自动化设备的传统治理方式中，不论采用哪一种查验方式，都会在一定程度上拖慢货物的放行速度。同时，传统的治理方式还显示出监管人力不如人工智能高效的情况。在车辆过卡口的传统作业模式中，车辆所停区域不配备GPS系统、电子关锁、电子地磅箱号识别系统、电子道闸等电子设备与信息系统，因而海关关员需要来到车辆旁对车、箱、封号进行核验，还需配备与车辆体量相符的关员数量查验车辆，司机也应下车并携带单证至海关关员处，关员通过H2000系统确认货物情况后验核盖章。传统的卡口系统中放行车辆的抬杆为人工控制，不具备车辆识别系统，司机并不能及时获取放行信息。

二、智能化政务（海关）治理界面设计理念与形态

智能化政务（海关）治理界面聚焦基础设施智能化，“上海海关成立了全国首个支持科创中心建设的专门机构——上海科创中心海关，突破了行政区域限制，实现全市科创机构的集中统一管理”①，专门针对国内科研机构在研发过程中面临的需要海外进口实验设备、材料等问题，这一过程中的传统监管流程在一定程度上与设备、材料进口的时效性产生矛盾，进而对科研产生直接影响。其中更为重要的是智慧海关运用现代科技手段如现代物联网RFID（通过非接触式数据通信识别目标）、二维码等对货物进行“全时空”监管，即实时预警、实时核查、远程监察，从而实现跨越时空的监管服务。这一监管模式有利于减少人工检验的次数、缩减检验流程，同时能够保证监管的合法性与有效性，降低使用人员数量，节省海关治理成本，提升海关与科创企业的管理效能。

---

① 邱伟科、杜佳:《上海海关:“科创”再提速》,《中国海关》2020年第2期，第74页。

上海海关发布的一系列支持上海科创中心建设的举措中，罗氏研发有限公司被列为10家“海关创新示范点”企业之一，“上海科创海关实现了很多创新和科学监管政策，从人员监管变为视频监管，不仅减少了人力投入，也让科学家很快能拿到进口的材料，从而提高研发效率”①。上海海关还通过与地方管理系统互联互通、共享信息、数据联网、集约化监管，实现了信息的及时有效沟通，从而为科创机构提供“零距离”服务，通过搭建“上海海关科创机构办事通”，提供“一站式”线上服务，足不出户就能办理几乎所有业务，极大地便利各科创企业的工作与发展。上海海关打造了信息化“科创e家”服务平台，科创机构得以在线办理过关业务，包括在线申请、单证电子传输、办理预审核、通关实时查询和提示、政策信息发布及关企实时互动等线上“一站式”服务。如今的“科创e家”一站式信息化服务平台已进化为中华人民共和国海关总署的全国一体化在线政务服务平台，“起到互联网+海关的现代化、信息化作用，更扩大了信息共享的范围，使得全国各地海关互相联通”②。

海关机器人是智能化海关治理界面的创新组成部分，“首批10台智能机器人加入珠海拱北口岸，开始上岗辅助旅检查验，为进出境旅客带来全新服务与体验。而这也是中国海关首次使用智能机器人辅助海关关员进行日常工作，标志着海关‘互联网+’的重要突破”③，海关机器人集成了诸多海关相关的业务类型，能够通过数十种语言、方言为各类人员解答海关业务相关问题、引导办理业务；海关机器人还可以基于智能化的人脸识别技术自动识别可疑人员，与数据库信息相互比对，从而辅助海关关员抓获水客，提高走私罪

---

① 邓玲玮：《上海海关成立上海科创中心海关，集中统一管理上海科创机构》（2019年12月23日），搜狐，https://www.sohu.com/a/362332755_260616。

② 李晨琰：《12个创新亮点！上海海关推进制度创新，支持科创中心建设》（2019年12月23日），文汇，http://www.whb.cn/zhuzhan/kjwz/20191223/310253.html。

③ 吴思婷：《海关旅检口岸首批智能机器人“上岗”》（2016年10月11日），海关总署网站，http://www.gov.cn/xinwen/2016-10/11/content_5117300.htm。

犯抓获率，保障正常旅客的通关安全。旅客通过智慧问答系统直接与“小海”对话，可快速获取常见问题答案，及时解决问题。并且，“扫码交税”系统也大大方便了旅客过关，旅客仅利用移动终端扫描二维码，即可快速办理纳税，省去人工交流时间与精力。

三、智能化政务（海关）治理界面功能的实现

智能化政务（海关）治理界面具备有效遏制走私犯罪行为的功能。比如，青岛海关在过机查验时发现的38只非法入境活体蚂蚁，部分为“世界上最危险的蚂蚁”，海关利用采用X光机、智能审图等技术的智能查验有效遏制了该非法行为；H986大型集装箱检查系统刚投入使用便帮助瑞丽海关缉私部门抓获了犯罪嫌疑人2名并缴获毒品海洛因8.67千克，和传统的人工卸货开箱查验方式相比，节省了很多时间。再如，深圳海关的5G智能眼镜设备，具备智能镜头与沟通系统，通过数据线与手持终端相连，海关工作人员佩戴智能眼镜巡查时，如果有“特定”人员经过，眼镜会及时向工作人员报警，并且通过投屏标识特定人员的图像，“与眼镜关联的平板设备上就会精准显示出该名可疑旅客的姓名、证件等详细资料，而这些功能都可在1秒之内完成，试行半个月就已查获多起违规携带高价电子产品案件”[①]。本场景的智能产品还可以有效助力科研领域的进步与发展。比如，“中国科学院上海药物研究所需要通关6支单克隆抗体的生物用品，其在张江跨境科创监管服务中心完成查验并且放行，而从机场提货到完成过关检验到该研究用品进入实验室仅仅用了148分钟，在传统的治理模式下，这样的速度是不可预估与想象的”[②]。再如，智

---

① 《黑科技！能报警能对话，5G眼镜助海关查获多起走私案》（2019日12月4日），爱青岛，http://news.qtv.com.cn/system/2019/12/04/015529839.shtml。

② 陈君言、杜佳:《上海科创企业“痛点”有专人解决》,《中国检验检疫》2019年第4期，第62页。

能化政务（海关）治理界面助力科文斯医药研发公司，流程中的操作问题导致其从上海出口的生物血清样本因证书、标准不符合对方海关的要求而被拒绝放行，在这样的情形下如果不能顺利通关将严重影响科研的进展，“而科创中心海关仅用了11天时间，就从过关各流程的各个方面全面助力科文斯公司的工作，帮助公司及时送达证书以及顺利通关”①，这些科创中心海关充分发挥职能的例子都在说明着本场景智能产品的功能。

智能审图技术也在智能化政务（海关）治理界面构建中得到了创新应用。智能审图系统先将需过关货物的标准图像输入系统算法之中，在实际货物经过X光机检查时，将扫描出的成像图与系统中录入的标准进行比对，进而作出结论：其是否为可疑货物，与其预先申报过关的货物种类、数量、规格等元素是否相符。若不相符，系统将作出夹藏风险的提示，提醒一线海关关员进行进一步针对性查验。这样的人工处理与AI的有机结合大大提高了海关效能、人员利用率、走私物品查获率。上海港承担着提升通关效率的任务，这是上海口岸提升营商环境的关键，智能审图技术通过人工智能主动寻找可疑的商品，实现精准监管，加快通关的速度。比如，两个装有大理石的集装箱从埃及运抵上海洋山四期全自动码头后，无人驾驶自动导航集卡立即根据指令载着集装箱从扫描杆下穿过，仅用时15秒每个集装箱就完成了全身X光检查。与此同时，海关智能审图中心收到的X光照片显示“智能结果：发现异常”，工作人员查看照片后发现集装箱两端与中间的密度不同，而上报品名却都是大理石板材。此时，一线查验人员也收到了开箱查验的指令，对系统报警位置进行重点查验，发现由于货物摆放不均造成箱内密度不同，触发系统报警装置。凭借智能读图系

① 顾阳：《「壮丽70年 奋斗新时代·蹲点笔记」我们是共和国的国门卫士》（2019年8月29日），中国经济网，http://www.ce.cn/xwzx/gnsz/gdxw/201908/29/t20190829_33038020.shtml。

统，现场查验更加有的放矢，时间也大幅缩短。接受采访的查验官员表示，没有智能技术以前，需要将集装箱中的货物一件件进行核查，而有了嫌疑区域后就可以针对性地检查指定区域，对客户来说也可以大大节省成本。

海关智能卡口系统由海关监管控制系统与联网系统共同组成，是智能化政务（海关）治理界面的重要组成部分。它的功能有车辆号牌的识别、集装箱箱号识别、RFID系统、路障系统、电子地磅检验系统、自动预警系统、LED自动显示屏、电子放行系统等先进设备与软硬件，可以更好地实现车辆联网管理、货物风险分析、车辆快速过关等操作，车辆从进入智能卡口到完成检查得到反馈，仅需15秒。以上提到的智能传播技术与模式的运用都在一定程度上减少了海关关员的工作量，既节省了过关旅客、企业、货物的时间，也减少了海关用人量。在科创中心方面，智能传播技术与模式使得科创企业接触到货物的时间大大减小，节省了成本，也为科研领域作出了贡献，有利于智慧海关的建设与发展。

四、智能化政务（海关）治理界面的效果与问题

通过洋山港全自动化集装箱码头、上海海关所属洋山海关的智能化政务（海关）治理界面构建可以看到智能传播技术与模式在海关中应用所能够发挥的效能。洋山港的集装箱码头具有规模大、自动化程度高等特点，在我国诸多港口中具有代表性，其日常运营对海关业务有着很高的要求。上海海关所属洋山海关注重灵活应用各种智能产品与设备，在智能化政务（海关）治理界面建设中创新监管方式、提升监管质量与效率，“进口集装箱从洋山四期自动化码头卸船后，集装箱通过配置于码头前沿的H986集装箱检查设备，箱内货物的图像信息同步呈现在海关审像中心，由系统采用人工智能学习训练及图像分割、识别算法对洋山口岸进出境机检扫描货物开

展智能化分析"[①]。集装箱首先由高处的自动化"长臂"控制转移到自动引导车上，自动引导车根据预先设置的GPS导航路线由无人驾驶驶入指定卡口进行查验，集装箱货物在自动化运输途中不需要停留就可完成检验，系统再自动将扫描成像的信息发送至后台进行判别，从而实现集装箱通关"无干扰""零延时"。在整个洋山四期自动化码头上，难以看到一个人影，几乎所有步骤都由机器自动化运作。

智能化政务（海关）治理界面在海关运营中的应用，也会带来诸多新挑战。比如，将智能传播技术与模式运用到智慧海关服务中可能会引发一定的信息安全隐患。海关机器人的出现虽大大便利了关员的工作与旅客的通关，但是其人脸识别技术仍然有着泄露隐私的风险。此外，"人工智能的嵌入虽然推进了我国政府治理模式的变革，但整体而言目前我国各级政府机构的人工智能应用还没有非常成熟，对人工智能技术的应用尚不如商业机构"[②]，就如前文提到的智能审图技术在洋山港启用仅两年多，还处在不断优化的过程中，许多方面仍有待完善，随着这套系统越来越智能，上海口岸的通关效率会进一步提升。系统的识别范围扩大与准确率提高后，海关查验将会更快速更精准，查获违禁品的准确率也会更高，进而提升上海的营商环境，更好地维护国门安全。再比如上述海关机器人的语音识别技术、语音合成技术在当前并不十分完善，智慧问答系统想要做到与人类无缝衔接、无障碍沟通、完全符合人类语音语调习惯输出内容等方面仍有很长的路要走。5G智能眼镜也面临着续航换代、能否精准工作的现实问题，仅仅通过海关关员的来回走动巡查，难免有遗漏人员的情况，可能会发生放走水客的现象。

---

① 文章来源:《中国国门时报》: 拥抱"数""智"——海关改革创新助上海自贸区临港新片区热潮涌动（2025年1月27日）. 中华人民共和国上海海关，http://lasa.customs.gov.cn/shanghai_customs/423446/423447/6329019/index.html。

② 胡洪彬:《人工智能时代政府治理模式的变革与创新》,《学术界》2018年第4期，第75页。

当然，智能化政务（海关）治理界面仍然存在着提升的空间，要加强海关通关信息管理的建设，整体优化系统结构，提高海关的识别、判断、预警、处置能力，提升海关的智能化水平；完善监管制度与架构，优化人力、物力资源配置，提升软硬件设备、系统，从而提高智能化政务（海关）治理界面监管的有效性、精准性，促进跨境贸易的便利化。智能化政务（海关）治理界面构建应合理充分利用好如检察权、查验权、稽查权、扣留权、行政处罚权、强制执行权等一系列权力，在智能传播时代通过大数据、云计算、AI等先进技术更好地优化中国的营商环境，助力维护国家安全。

第二节　智能传播与城市管理共生：共建智慧城市

在城市化进程中，提升城市管理能力、推动城市管理现代化发展是城市建设的内在要求，城市管理现代化能力的提升也是国家治理理念与治理水平现代化发展的重要标志，需要基于新时代人民城市发展的要求思考如何提升城市管理能力。在构建新时代多维向度城市管理方式的过程中，智能传播技术与模式的应用成为一个新的变量，创造性将智能传播技术与模式与城市管理不同场景相结合成为创新城市管理方式、提升管理效率的新抓手，智能化城市管理治理界面的理念与模式由此也得到了更为广泛的认可。

“智慧城管是数字城管的升级版，不仅强调移动互联网、物联网、云计算、大数据等新一代信息技术应用，更注重基于开放知识管理的社会治理与公共服务转型，强调面向知识社会的创新2.0模式构建”[①]。在上海市发布的人工智能示范应用场景中，与“智能传播

① 王连峰、宋刚、张楠：《“五位一体”智慧城管核心要素与互动关系：基于创新2.0视角的分析》，《城市发展研究》2017年第3期，第67页。

驱动下的城市管理”相关的是第二批中的上海城投环境（集团）有限公司（人工智能在生活垃圾分类中的应用）。垃圾治理是城市管理过程中的难点，而上海市率先在国内开展垃圾分类工作，引发多方关注。为了更加有效地推动城市垃圾分类工作，上海城投环境（集团）有限公司（下称上海城投集团）尝试了多种智能化工具的应用，力求通过智能技术的应用创新垃圾分类治理方式并取得一定成效。比如，较早在城市垃圾治理中得到应用的上海市垃圾全程分类信息平台，“实现了生活垃圾从投放、收运、转运、处置全程分类垃圾的跟踪、品质监控和全局监管，有效推动垃圾分类实施、提升行业监管服务能力，推动行业信息化提升”①。在此将结合上海城投集团相关实践，探讨智能化城市管理治理界面如何在城市管理场景中发挥作用。

一、城市管理治理场景中的主要问题

城市管理的主要对象是城市这一具有开放性的复杂系统，包括基础条件（城市自身的基本资源）、手段（如法律、经济、政治等方面）、方式（包括但不限于计划、组织、协调）等主要因素。城市治理的主要内容就是在城市本身的种种条件基础上，基于不同学科知识、不同阶层需求、不同组织互动等因素考虑，作出最利于城市运行的管理模式决策。城市治理的最终目的是（管理者）作出最利于城市运行的管理决策，其中就包括了资源利用的高效化。随着时代和科技的发展，市民的生活方式发生了很大的改变，除了计算性能进步、高速网络发展、大数据井喷式增长等客观条件，其背后的互联网巨头及资本也在试图推动整个社会的发展（尤其是信息科技方面），而基于完善的基础平台建设、服务能力介入城市管理与服务已经成为诸多互联网头部公司寻求增长空间、拓展市场的重要方向，这也开始倒逼城

① 上海城投环境（集团）有限公司:《上海生活垃圾全程分类信息平台》，http://www.caues-zhhw.org/productinfo/1041834.html。

市管理者思考如何基于智能技术驱动城市治理方式升级、创新。管理者在城市管理环节中也是十分重要的一环，对于管理人员来说，需要作出的改进就是管理理念的优化与决策的高效化，这需要管理人员结合多项数据反馈，进而作出更加人性化与准确的决策。

传统的城市治理存在市民参与度不高的问题，即作为城市治理重要主体之一的市民并没有有效参与到治理过程中。城市治理模式的发展需要参考各方需求，尤其是最普通但基数最大、覆盖面最广的市民层面，市民的需求极有可能对城市的发展方向起到决定性的作用。而在传统的治理模式中，市民反馈渠道较为单一，例如电话、邮件等，再由相关部门对意见作出回应。例如，上海广播电视台新闻综合频道的《观众中来》节目，就是通过市民打电话给节目组提出民生方面的意见，再由节目组的记者联系相关部门给出回应。但电话、邮件等反馈方式较为单一，由接线员（收件方）记录并整理内容也并不是很高效的处理方式。即使是电视节目，一期也只能反馈数量有限的问题。市民的反馈渠道应与时俱进，通过鼓励市民反馈真正达到引导居民参与、促进城市管理人性化的效果，进而有效降低城市管理与服务的人力和物力成本。

二、城市管理场景的传统治理方式

"随着城市的快速发展，管理专业分工也越来越细，城市管理各部门之间职责不清、职能交叉，管理工作混乱无序，部门之间协调合作的成本越来越高，管理的技术手段落后，方式单一、粗放，使城市管理始终处于一种综合协调缺位、管理工作不到位、社会参与缺失的尴尬境地"①。传统的城市治理方式多由政府主导，采取的手

① 邬伦、宋刚、吴强华、朱慧、童云海、安小米:《从数字城管到智慧城管：平台实现与关键技术》,《城市发展研究》2017年第6期，第99页。

段和方式都较为基础。但也正是因为传统模式中的社会环境与技术手段相对落后，城市治理也仅仅是使用简单的互联网或者数据计算进行处理并决策，“这种模式治理的过程和结果有着各种问题或是隐患，最终的决策和应用结果也并不具有绝对的权威性与科学性，只能在某种程度上起到一定的‘治理’作用”[①]。不仅如此，由于公众反馈渠道单一，参与治理意识不强，政府与市民之间缺乏沟通，所以会存在基于单方视角进行资源调配、忽略市民需求的问题，总是难以达到理想的人性化治理效果。例如，早期的垃圾分类机制，是在市民产生垃圾这一环节倡导分类意识，而将垃圾回收后，又会再由人工进行二次筛选，最终进行垃圾处理，这是一种市民分类+人工二次分类的重复劳动。一方面，市民垃圾分类知识和意识缺乏，分类效率、准确率可能较低；另一方面，负责垃圾二次分类的工作人员需要日复一日面对传送带上的各类垃圾，工作环境较差。

国内城市治理研究长期以来主要关注的就是治理主体及其相互之间的关系，例如城市治理框架的研究就包括了治理的范围、功能、关系等多方面、多维度的内容。社区是城市治理的基本单位之一，现在正在形成一种由政府、市场和社会三方参与的新型互动机制，三者无法脱离彼此而在城市治理的运行机制中单独存在。总体而言，对多元主体治理（即各方协同参与，且结合一定技术手段和方法进行高效智能治理的模式）关系的研究还主要集中在各个主体充分参与的合作共治层面，注重的是参与方的情况，而对治理结构和具体的运行机制这类技术性的内容仍然需要更深入的研究。飞速发展的技术水平需要城市治理能够同时容纳制度与技术两大领域的运行机制。因此，当前城市治理亟须建构一种治理理念能够与时俱进且具有强大技术水平驱动的治理工具。

---

① 周盛世、张宁、张晓娟:《智慧城市下新型城市治理模式的研究》,《价值工程》2019年第12期，第194页。

三、智能化城市管理治理界面的设计理念与形态

“为适应社会治理现代化建设需要，需要充分发挥智慧科技优势、整合城市管理资源、提高管理效率，构建智慧、智能的城市管理新模式。需要聚焦城市治理现代化进程，思考智慧城管的内容、模式和运行体系，从市政、环卫工作和城市绿化等多个视角综合探究智慧城管经验”[①]。当今的城市治理结合了云计算、大数据、空间网络等信息技术手段，基于智能化城市管理治理界面探索更好的城市智慧化治理方式，这一方式一方面能为市民提供更加便捷、安全与舒适生活的环境，另一方面也能使城市资源利用更加高效化，有利于城市的可持续发展。城市治理正逐渐向城市“智”理的方向发展。

面对不断增多的城市问题，上文所提到的网格化、数字化城市管理作为一次模式上的变革应运而生，它是技术与管理两个内容的融合。技术上，网格化、数字化的城市管理引入了现代信息化手段，通过数据库、通信网络、城管通终端、管理软件等多种技术，支撑城市管理中的问题发现、派发处置、评估监督等主要环节，形成全程有迹可循的城市管理事件处理闭环；管理方面，现代化的城市管理通过划分网格、增加规定、调整机构、执法力量精确化、完善处理流程等管理手段，为整体流程信息化提供规则依据与行政资源支撑。同时，传统城市管理中存在的主要痛点问题也需要智慧城市的治理方式来解决。

首先，智能化城市管理治理界面可以提升治理效率，有利于实现资源最大化利用。比如“上海市委市政府明确‘两张网’主要的建设思路……尽可能地实现‘一屏观天下、一网管全城’，这样的确

① 陈思静:《智慧城管——杭州市上城区智能化城市治理研究》,《建筑学报》2020年第2期，第128页。

是尽可能地达到了资源利用最大化”[①]，通过“两张网”的新型智能化治理界面，上海市大幅提升了城市管理效率，节约了管理资源。

其次，重构管理体制、监督指挥分立。对于管理层面而言，需要技术的赋能与管理体制的协同配合，毕竟现在的技术还不能做到脱离人工辅助而完全独立进行决策，所以人工决策和技术赋能的协作是必要的，而技术的辅助（例如统筹信息并进行简单分析等）也能使人的决策更加高效化、全面化，“层级上还要构建‘三级平台、五级应用’架构，市级平台抓总体、主管大事；区级平台则发挥其枢纽功能，连接上级平台和下级平台；街镇平台主抓处理、注重实践。市、区、街镇、网格、社区（楼宇）五级互相衔接，有序运行”[②]。

最后，从部门管理导向向用户体验导向转变。各种技术手段的引入在提高市民城市治理参与度方面卓有成效。“一网通办”逐渐实现从“能办”向“好办”的转变，具体表现为在线办理本身效率以及全程网办覆盖率的提升。同时，服务模式也争取从被动向主动转变，服务效果定制化、个性化。此外，在网络信息时代，为了鼓励市民积极进行反馈，最大程度地参与到一些开放性的城市治理事务中，相关部门可以为各方提供针对性、即时性的公共服务。例如，市民可以通过小程序直接反馈相关问题，后台直接收集并给出即时反馈，使得公共服务更加人性化。

基于上述理念，智能化城市管理治理界面呈现出新的形态，在此结合上海城投集团在垃圾分类治理中的实践作简要分析。上海城投集团成立了专门的上海城投环境有限公司，运营城市生活垃圾分类治理相关工作，并逐步构建了智能化的“垃圾全程分类信息平台”，基于这一平台能够实现对全市生活垃圾处理多个环节的数据收

---

① 刘子烨:《上海市政协开展打造浦东现代化城市治理的示范样板课题调研》（2022年3月1日），澎湃新闻，https://www.thepaper.cn/newsDetail_forward_8121342。

② 张强:《六大场景应用助力乡村振兴“一网统管”打造徐姚模式》（2020年7月7日），澎湃新闻，https://www.thepaper.cn/newsDetail_forward_8170759。

集与可视化管理，并且做到生活垃圾的有效识别与溯源，为提升垃圾分类治理水平打下了基础，“这一覆盖了全市16个辖区的系统扩大了城市生活垃圾治理上统一管理的范围，实时反映了各区各工作环节中的关键数据（如垃圾数量、分类质量、生产调度等），实现了对垃圾路径的全程追踪。系统还运用人工智能（AI）技术，对垃圾分类品质（即分类准确率）进行实时分析处理，有助于倒逼上游的垃圾投放和清运环节严格执行垃圾分类操作”①。这一全流程的可视化平台改变了城市垃圾治理界面的形态，能够实现对不同城区、不同小区的垃圾监控，解决了超大城市不同区域、板块之间治理标准不统一、治理数据互相孤立、治理流程不对称等诸多问题，“这一体系疏通了上海生活垃圾从前端收集、中端转运到末端处置的分类循环产业链，一定程度上解决了传统治理中‘混装混运混处置’（垃圾分类不明确）的问题，大幅提升了上海生活垃圾分类处置水平”②。

四、智能化城市管理治理界面功能的实现

“智慧城市管理系统是在新一代信息技术体系下，构建基于时空实体对象的双向和多向信息共享的城市管理新模式”③，智慧城市管理新模式是基于智能技术驱动下智能化治理界面的新功能而产生的，智能化城市管理治理界面具有技术聚集的特征，是在智能技术综合应用的基础上构建而成的。“基于感知、分析、服务、指挥、监察‘五位一体’的城管物联网平台开发部署指挥调度系统，构建了城管扁平化指挥调度体系，打破了按属地层级逐级下达指挥调度指

---

① 郭剑烽:《生活垃圾哪来哪去一清二楚 垃圾全程分类保障体系启动》(2019年3月20日)，新民网，http://newsxmwb.xinmin.cn/shizheng/szt/2019/03/20/31504147.html。

② 田泓:《上海城投生活垃圾全程分类保障体系正式运行》(2019年3月21日)，搜狐，https://www.sohu.com/a/302729686_114731。

③ 韩清莹:《智慧城市管理共享系统的设计与实现》,《测绘通报》2018年第10期，第131页。

令的传统指挥模式，有效推进了感知数据驱动的高峰勤务模式"[①]，智能技术的创新应用为探索新的城市治理功能、构建高效的城市治理平台带来了广阔空间。在上海城投集团城市生活垃圾治理的实践中，各种智能技术、多个智能化治理产品在其中发挥了至关重要的作用。概括地来看，上海城投集团在城市生活垃圾治理过程中构建的智能化城市管理治理界面可以分为前端、中端、末端、平台等主要部分，在此结合不同部分探讨其智能化功能如何形成并发挥作用。

首先，在"前端"实现生活垃圾中可回收物的整合。"城投集团的这一垃圾全程分类保障体系做到了城市环卫系统与再生资源系统的'两网融合'，所谓'两网'就是'生活垃圾清运网'和'再生资源回收网'"[②]，"两网融合"能够从整个系统前端做到再生资源分流，通过回收系统提升垃圾回收与资源转化利用率。基于"两网融合"在垃圾回收过程中的作用，有必要继续优化其效能、提升资源回收利用率，上海城投集团也注重在这方面不断优化智能治理平台与工具，"在开发覆盖全市的垃圾清运信息监管平台的基础上，若是未来企业能够统一接入上海信息化大平台，从而获得统一技术标准（例如数据即时上传的电子地秤、接入GPS定位功能的运输车辆以及联网摄像头等），实现在任何时间地点，都能读取任何物资的实时动态信息"[③]。此外，上海城投集团注重扩展"两网融合"的使用场景，比如在黄浦江畔设立示范点，专门回收水上可回收资源，实现了水上可再生资源回收利用方式的突破。"浦东'城市大脑'垃圾智能分类场是系统通过分析生活垃圾源头计量设备采集的

---

① 王连峰、宋刚、朱慧：《基于"五位一体"城管物联网平台的指挥调度系统》，《电子政务》2017年第6期，第98页。

② 姜微、杨有宇、郑钧天、王默玲：《演绎新时尚　答好治理卷——上海实施垃圾分类效果追踪》（2020年6月26日），新华网，http://www.xinhuanet.com/politics/2020-06/26/c_1126162695.htm。

③ 吴苏贵、钱洁、李敏乐、李银雪、余艺贝：《加快打造垃圾回收"两网融合"的上海模式》，《科学发展》2020年第8期，第91页。

数据，发现某街道小区当月第二周湿垃圾分出量占比从第一周的34%下降至17%。收到预警信号，街道工作人员现场核实发现，小区部分保洁员将湿垃圾混入干垃圾，造成湿垃圾分类量占比下降。这个原本要‘大海捞针’才能察觉的问题，被‘城市大脑’敏锐捕捉”①，由此能够使“前端”部分具备多元化的功能，为整个系统提供智能数据接口，实现生活垃圾治理场景中数据资源的积累，为后续展开数据分析创造条件。

其次，在“中端”保证生活垃圾物流体系有序运行。为了保证生活垃圾运转物流过程中的有序、卫生、安全，上海城投集团对徐浦、虎林等多个基地的处理设施进行了智能化改造与升级，力求实现生活垃圾无害、减量处理与资源化改造，“这一环节没有人工智能技术的参与，主要是技术的引进。目前已完成的有压缩机横改竖工程、相应的新式车厢可卸式内集卡配备以及泊位自动分配系统等等，杜绝可能出现的垃圾混装混运现象”②。

再次，在“末端”有效开展多种垃圾的再利用。为了有效实现建筑垃圾、湿垃圾等资源转化利用，上海城投集团开展了“一主多点”功能探索，“‘一主’即规划建设上文提到的老港生态环保基地，这一基地主要是综合填埋场，而以干垃圾为主的再生能源利用中心也已在此处投入使用。‘多点’即在松江、青浦、嘉定、金山、奉贤、崇明等区建设湿垃圾、建筑垃圾等分类处置设施”③，基于此创新多个品种固体废物有效处置和转化利用方案。

---

① 姜微、杨有宇、郑钧天、王默玲:《演绎新时尚　答好治理卷——上海实施垃圾分类效果追踪》(2020年6月26日)，新华网，http://www.xinhuanet.com/politics/2020-06/26/c_1126162695.htm。

② 钟晖:《从源头分类到末端处置多点“发力”，城投集团求解垃圾分类“托底保障”之策》(2019年7月22日)，周到上海，http://static.zhoudaosh.com/1F1A82A97AB200F14310F78E06D02E9EE7AB897DE074D1A61936590875D239BC。

③ 丁弋弋:《信息化“黑科技”助力垃圾分类高效实施》,《上海信息化》2019年第8期，第34页。

最后，除了上述处理流程中不同环节的智能化改造，上海城投集团创造性地实现了生活垃圾处理全流程可视化数据平台的打造，通过“上海生活垃圾全程分类信息平台”能够实时观看垃圾从前端、中端到末端处理的全过程。垃圾处理过程包含多个环节，首先需要在所属辖区的生活垃圾压缩站进行投放，然后经由市级码头进行中转，通过集装箱进行运输，最后到达生态环保基地焚烧或填埋，通过平台能够获取每个环节的详细信息，例如垃圾生产的时间、清运车辆以及处理位置等，这套系统已经全面覆盖全市16个区。这种可视化监控能够为垃圾治理提供极大便利，比如垃圾在中转站会被高清摄像头记录并进行智能化对比分析，一旦发现不符合分类标注的垃圾，相关数据会及时反馈给街道、小区，便于开展针对性的优化、教育活动，切实提高了垃圾分类工作的效率，“目前已有的垃圾分类识别的技术主要有基于传感器的垃圾分类识别技术（利用各类传感器模块识别垃圾种类和数量）、基于电子标签的垃圾分类技术（通过识别垃圾袋上的电子标签进行分类）和基于智能学习的垃圾分类技术（通过与基准图像对比建立深度学习技术，从而实行分类或是通过光敏传感器接收信号识别垃圾种类）”①。这一产品形态上看似简单，但却运用了诸多智能技术如嵌入深度学习技术，辅助分类识别功能的实现。

不难发现，上文提到的城市治理问题在技术手段介入后，或多或少都有了些改变。资源利用方面，各个“两网融合”集散点的建立及先进设备和分类识别技术的引入提高了资源的利用率以及分类回收的效率；管理体制方面，一站式的大数据平台为各层管理人员提供了全面且具有一定深度的数据以供决策参考，同时平台对于数据的初步分析能力对于管理人员的决策也起到了辅助作用；科技引入方面，各类先进技术自不用说；最后市民反馈方面，也有“中转站识别—清运部门反馈—街道改进”这一关系链的补足。在这一过程中，治理主体关

---

① 张秀芳等:《垃圾分类之自动识别技术探索》,《科技创新与应用》2021年第1期，第178页。

系最主要的变化在于各方的参与度。传统的城市管理模式往往是政府直接应用，无论是普通市民还是其他各方都参与度不足，进而可能出现政府管理决策不够人性化、全面化的问题。例如，垃圾分类过程中传统的分类方式是由市民丢弃时分类与回收时工作人员二次分类的双重分拣环节组成，但这不仅是一种重复劳动，会造成人力资源的浪费，且在有相关部门“托底”的情况下，市民主动参与分类意愿可能不高，责任感不强，垃圾分拣的工作环境也不佳，长此以往对工作人员的健康不利。而在应用各类智能技术后，治理主体由相关部门（回收时人工分拣）向居民本身（从源头上实行分类）倾斜，居民参与率提高，人工分拣成本降低。居民进行垃圾投放后，由相关部门操纵智能传播技术与模式在中转站进行分类识别，将结果反馈给街道，再由街道对居民进行教育提高其分类意识。这一循环中各方充分参与，可以有效提高居民在垃圾分类回收中的责任感。

五、智能化城市管理治理界面的效果与问题

上海城投集团在垃圾治理过程中对智能化城市管理治理界面的打造取得了明显的成效。城投集团的垃圾全程分类信息平台集各类数据于一身，包括一段时间内上海各类生活垃圾的总清运量、各类垃圾分别的重量、各区域清运总量排序等详细数据。根据平台反馈的数据，相关人员可以初步分析数据并进行对比，进而推测结果产生的原因，“昨天上午，可回收物仅有4吨。技术人员解释，拾荒者挑走大部分可回收物是主因，导致最终进入分类流程的可回收物很少。从区域看，浦东新区清运量最多，其次是闵行区，这与地域面积和人口密度有关”①。

① 史博臻：《［新时代新作为新篇章］垃圾分得对不对，人工智能来把关》（2019年3月21日），文汇客户端，http://wenhui.whb.cn/third/baidu/201903/21/250987.html。

当然，智能化城市管理治理界面也存在诸多问题，需要不断改进和优化。比如，末端处置能力仍有待改进，市民垃圾分类意识和参与度仍需持续提高。市民本身的责任感与参与度其实是垃圾分类的智能技术能够有效实行的重要因素。如果市民接受反馈后仍不配合，仅依靠强大的人工智能识别技术其实也是孤掌难鸣。毕竟，城市管理的主体，还是“人”本身，而非一味依赖技术，以技术为主体。人工智能分类标准与精细度的完善，智能传播技术与模式现在还未能做到完美，所以在一些较为精细的垃圾分类问题上仍然需要学习（例如大骨头和小骨头的干湿区别、剩余半杯的奶茶是否能被识别出来等），提高其实用性。同时，具有更高智能的技术本身也具有其更高的风险与不稳定性。一些对实践有高要求的技术是否具有其对等的实用价值也有待商榷。高成本技术与双重劳动存在两难境地，更进一步来讲，任何技术手段包括人工智能都难以做到绝对的完美，所以哪怕是自动分类，也未必永远会比人工分类更加精确且不出错。而一旦技术报错，则还是需要人工顶替。从这种角度上而言，智能的分类技术暂时无法完全取代人工作业，也就是说在垃圾分类上仍需要市民+工作人员的双重分拣环节，技术的引入只是降低了工作人员的工作强度，而并非完全取代工作人员。

第三节　智能传播助力交通强国：智慧交通引领未来

“在城市建设发展中，面对日益革新的社会经济和科学技术，为了更好满足居民出行需求，缓解城市交通运输压力，合理运用AI技术解决智能交通建设体系需求”[①]，交通在城市生活中具有重要的基础

① 李燕妮:《AI技术在智能交通辅助系统中优化控制体现》,《机械设计》2021年第6期，第160页。

作用，企业经营与生产、市民工作与生活都离不开交通的支撑，交通治理的水平将直接影响到城市运营效率，所以是否能够借助智能传播技术与产品改善城市交通治理状况也是当下人民城市构建过程中的重点问题。在上海市发布的三批人工智能示范应用场景中，与“智能传播驱动下的交通”相关的有两个，即第二批中的上海浦江桥隧运营管理有限公司（东海大桥道路运营智能维护）和上海申通地铁集团有限公司（上海地铁智慧视觉应用）。智能传播技术与产品的应用，不仅能够创新交通桥梁设施的维护方法，还能够创新城市轨道交通的运营方式。在此将对智能化交通治理界面如何在城市交通场景中构建并发挥作用作出简要分析。

一、交通治理场景中的主要问题

交通是城市发展的基础环节，交通拥堵缓解、交通秩序优化、交通事故预防等都是在城市化进程中不得不面对的工作。作为城市赖以运行、发展的基础环节，交通治理是人民城市构建过程中必须解决的重点问题。智慧交通是提升交通治理效率与水平的创新理念，通过创造性地利用数字化、网络化、智能化技术与范式，成为破解城市交通治理问题的有效突破口。智慧交通的治理目标的实现需要交通治理的效率和人性化，其建设并不是一蹴而就的。从传统的城市交通治理到基于互联网的智能交通再到现在的智能传播驱动下的交通，智慧交通经历了长期的积淀过程，随着科学技术的进步，根据不同时期的城市发展特点和逐渐增长的人民需求而不断地加以完善。比如百度地图和高德地图，虽然在最开始的时候只是初具雏形，主要是起到定位和导航的作用，但是多年来积累下了非常庞大的用户数据和丰富的经验，这对于它们拓宽市场和多元化发展是很有帮助的，因此也能够始终在智慧交通领域占据一定的竞争优势。后来的共享单车和滴滴打车，这两款产品甚至可以说是重塑出行生态，开启了共享经济的新纪元，闲置车辆资源得到充分利用。

智慧交通是在诸多因素的驱动之下逐步发展起来的，其建设和发展离不开政府的政策扶持。此外，技术创新与应用为交通治理模式发展创造了条件，以互联网技术为支撑的现代化交通发展模式与智慧治理的理念相契合，创新交通治理模式与交通领域的智慧治理，能有效协调交通问题、引导交通政策，并且保障城市交通基础设施建设，促进城市交通秩序持续优化，体现出我国基于智慧治理推动全国交通纵深发展的理念，而5G时代的到来能够为智慧交通的发展提供更大助力。交通是一个与市民生活息息相关、具有巨大市场成长空间的领域，诸多互联网企业开始思考如何在5G时代通过解决城市交通过程中的痛点问题来实现自身业务形态与内容的创新。比如，高德地图联合阿里云推出“城市大脑”，智能传播驱动下的交通场景得到了清晰呈现，能够实现交通信息的实时传递与处理，提升交通系统的整体效率和安全性，交通运行更加智能化、高效化。

长期以来，城市交通治理过程中存在诸多难题，也是应用智能传播技术与产品提升城市交通治理水平必须正视与解决的问题。目前交通拥堵现象已成为城市运营中的一个重大难题，“数据显示，全国30%的城市通行都受到拥堵的影响，其中经济发达和人口密集的一线城市尤为严重，中心城区交通形成常态拥堵，外围区域也经常发生潮汐拥挤，这就带来了时间经济损失、交通安全、能源消耗等多种社会问题”①。与交通拥堵密切相关的是停车难、停车位资源紧张的问题，已经严重影响市民出行体验、出行效率，特别是在缺少规划、建筑空间有限的城市或区域，解决停车问题的难度更大。

道路安全是城市交通治理中与市民人身安全息息相关的重点问

---

① 李彬：《特大城市交通拥堵治理对策研究——以上海为例》，《综合运输》2016年第8期，第1页。

题，在我国城市化进程中交通事故始终难以完全避免，每年因为交通事故造成大量人员伤亡与经济损失。一般而言，不文明的交通行为是造成事故的主要原因，因此对于交通行为进行管控迫在眉睫。针对这一痛点问题也诞生了不少的智能产品，从产品的效能来看，主要是基于大数据和智能传播技术对道路的交通情况进行实时监测，完成对交通违规行为的研判和记录，这不仅能够减轻交警的工作压力，对于市民的安全意识和道路自觉行为的形成也有一定的推动作用。此外，随着我国老龄化趋势的加剧，尽快提升城市交通治理的“适老性”成为人民城市构建过程中不可忽视的内容，“作为老龄化服务体系中的重要组成部分，适老交通的根本目标便是解决老年人的出行问题。随着人们生活水平的提高和预期寿命的延长，老年人的出行意愿较以往更为强烈，却也愈发凸显出我国适老交通体系建设的滞后，城市整体步行环境差、过街通道安全性不足、交叉口过大、信号配时不合理等问题成为老年人出行的巨大障碍”[①]，适老和适弱交通体系的建设需要符合智慧交通“以人为本”的核心理念，也是目前城市交通治理中的痛点问题催生出的必然产物。

二、交通治理场景中的传统治理方式

面对城市交通快速发展带来的种种问题，传统的城市交通治理策略热衷于通过改建、扩建、新建等模式提升道路的通行能力，以满足人们城市空间位移活动需求。不过扩建、新建同样会带来新的交通需求，进而会导致城市交通的供给和需求之间的静态失衡，新建道路的通行能力也会很快达到饱和，小汽车限行、限购这样的交通需求管理政策也只是治标不治本。智慧交通建设过程中为了提高

① 汪光焘、王继峰、赵珺玲：《新时期城市交通需求演变与展望》，《城市交通》2020年第4期，第3页。

道路交通的顺畅性和效率，采用先进的交通流量和态势分析系统，能够实时监测和分析城市道路的交通流量和拥堵情况，掌握前方路段的异常情况，如交通事故、道路维修等，基于这些数据和分析结果实时发布交通信息，包括路况、拥堵预测、最佳路线等，以便及时作出调整和选择，由此能够创新交通秩序维持、疏通方式。传统的交通秩序主要依靠交警进行维持，需要耗费大量的人力资源，通过智能化的电子警察能够在有效缓解人力资源压力的基础上提升对城市路面交通的协调、疏导能力。

在城市停车问题的治理方面，传统停车场主要依靠人工进行收费和管理，具有投入大、效率低、管理难以及停车难的痛点，各种停车乱象常受消费者诟病，当下应用比较普遍的方式是通过无感支付来提升效率，同时实现无人化管理。“通过无感支付使车牌识别-抬杆-通过-扣费这四个环节完全同步进行，打造无障碍入场停车通道。停车诱导则通过大数据汇集实时数据，智能联网上传数据，通过路径规划算法，引导司机实现便捷停车，从而解决城市停车难等问题”[①]，这不仅能够规范停车治理流程、智能化管理停车流程，还有利于通过提升停车效率，减少汽车尾气、噪音等城市污染。

三、智能化交通治理界面的设计理念与形态

智能化交通治理界面创新需要不断提炼符合人民城市建设要求的治理理念，比如要体现以人为本的理念，城市交通系统包含人、车、路和环境四大要素，其中人始终是交通的主体，是车和路的服务对象，环境则是维持它们之间相互关系的“调节剂”，城市交通旨在完成人与物的移动运输，车辆只是作为手段，人才是根本目的，

① 罗征宇:《人工智能技术在城市智能交通方面的应用研究》,《通讯世界》2019年第5期，第244页。

因此解决城市交通问题应充分体现“以人为本”。以具体的桥梁管理养护场景为例。随着我国交通领域基础建设的大力推进，各种桥梁建设成为其中的亮点，我国的桥梁数量、质量取得了长足进步，建成了很多在跨度、长度、高度方面令世界瞩目的桥梁。各种桥梁建成之后为日常的养护与运营等保障工作提出了新的要求，近年来桥梁养护也逐渐从传统方式向信息化的方式转化，“从信息化的角度来看，桥梁管理养护实际上就是对桥梁长期运营过程中所产生的信息数据进行收集、应用和反馈的全过程。这些数据包括桥梁测量、设计、检测、维护、修复等各个阶段的不同内容，从文字、数字等结构化数据到图像、档案、视频这样的非结构化数据应有尽有，并且随着时间不断积累、实时更新”①，但是仍然较为普遍地存在数据需要人工采集、评判依赖主观经验的问题，还有诸如监控覆盖不全、数据保存周期短等问题，在一定程度上影响了桥梁信息化管理的水平与效率。而智能传播技术与模式的蓬勃发展使得智能化交通治理界面成为可能，也将成为未来桥梁管养的发展趋势和焦点，运用智能传播技术与模式实现数据的智能化管理，定期进行维修养护，合理配置维修资源和经费，制定有效的维修方案，以实现精细化管理、智能化监控、科学化操作、合理化维修的目的。上海浦江桥隧运营管理有限公司的“东海大桥道路运营智能维护”项目针对传统路桥与隧道养护面临的瓶颈，引入AI实时感知交通流、监测设施的健康状况，建立全寿命档案册，提升东海大桥管理养护水平，采集交通及道路信息并进行智能分析，智能解决桥梁养护难、成本高、效率低的问题，以达成保障交通安全、优化道路保养与降低设备运维成本的目标。

轨道交通是治理城市交通问题的有效路径之一，而轨道交通的

---

① 舒昕、沈翔、李晓行、周亦舒:《人工智能在桥梁管理与养护中的应用探析》,《电脑知识与技术》2020年第13期，第268页。

规模、便捷程度也成为衡量城市规模与发展水平的指标之一。上海市的轨道交通近年来一直处于迅速发展状态之中，但是也存在诸多突出问题，“城市轨道交通作为流动性高、人员密集度高且密闭程度高的公共场所，在安全规范、日常管理、应急处理等方面所能采取的措施十分有限”[①]。城市轨道交通运营频率高、服务人流量大，对信息化有着很高的要求，体现在不同的方面，比如管理的操控性、安全性、数据化与网络化水平等，“城轨的信息化具有实时控制特性，因为它涉及行车安全，且安全性要求很高”[②]。为进一步提升轨道交通的安全性和管理能力，助力地铁运营转型升级，行业与政府不断探索实践智慧地铁的建设。为了提升市民乘坐地铁的便捷程度，上海市申通地铁集团有限公司推出了“Metro大都会”APP，市民可以直接刷码过闸进站乘车、观察不同线路的拥挤程度、合理安排出行。此外，“Metro大都会”还会进行丰富的地铁生活圈内容推荐，为出行用户提供更加丰富的行程，使市民获得良好的出行体验。

四、智能化交通治理界面功能的实现

在此结合上海浦江桥隧运营管理有限公司（东海大桥道路运营智能维护）和上海申通地铁集团有限公司（上海地铁智慧视觉应用）两个案例对桥梁管理养护、城市轨道交通的两个治理场景中智能化交通治理界面的形成及作用做简要分析。在桥梁管理养护场景中，“长期的使用过程中，桥梁结构会不可避免地出现诸如钢结构腐蚀、混凝土开裂等诸多外观病害，如果这些病害不能及时发现和维护，则会在复杂因素的耦合作用下进一步发展，可能会对桥梁结构造成

① 付鹏、张鹏辉：《上海轨道交通智慧视觉系统方案探讨》，《隧道与轨道交通》2019年第2期，第38页。

② 李中浩：《建设标准化的城市轨道交通云和大数据平台》，《城市轨道交通研究》2021年第6期，第12页。

更为严重的破坏，大幅度降低桥梁的使用性能”[①]，因此桥梁巡检是日常维护过程中必不可少的内容。传统的桥梁巡检主要通过人工实现，借助标尺、望远镜等工具肉眼观测桥梁是否出现外观、结构等方面的病害、裂纹。近年来，无人机的发展与应用有效提升了桥梁人工巡检方式的效率，扩大了巡检的应用范围。但是这种基于人工巡检的方式还是存在依赖主观经验、精准度低等关键问题。而智能传播技术与模式的应用，特别是视觉识别技术的发展以及各种相关智能传播技术与模式的成熟，能够将视觉识别等智能技术创造性地应用在桥梁巡检之中，“在数字图像处理算法和机器学习算法的加持下，计算机能够根据现有病害照片的潜在特征来分析和预测新输入的样本，从而智能识别桥梁结构部件以及病害图像，对病害进行定量分析，满足高效、高质量检测的需要”[②]。

机器视觉识别技术的应用改变了桥梁巡检的传统方式，能够更加有效地通过桥梁外观图像识别与处理存在的问题，但是对于桥梁内部结构中存在的问题，仅仅通过视觉识别技术也是难以及时、有效监测的。而智能传感器的发展与应用为解决这一问题创造了条件。智能传感器不受天气、地形、现场等各种条件制约，能够做到全天候、多维度、自动化监控，在发现桥梁结构发生异常信号的时候能够及时报警。智能化无人驾驶也能够在大型桥梁车辆调度过程中得到应用，比如在第二届中国国际进口博览会期间，上海东海大桥基于“5G+L4级智能驾驶重卡”项目开展无人高速驾驶。为了实现无人高速驾驶，相关部门对东海大桥的信息化设施进行了智能化全面改造，通信系统、检测系统、监控系统、称重系统等均得到升级，“在5G和V2X技术的加持下智能重卡能在20毫秒内建立车队间的实时通信，确保自动跟车、车道保持、绕道换行、紧急制动等队

---

① 舒昕、沈翔、李晓行、周亦舒:《人工智能在桥梁管理与养护中的应用探析》,《电脑知识与技术》2020年第13期，第268页。

② 同上。

列行驶功能的即时实现，并在保证安全的前提下，将车辆间距由150米缩小到15米—20米以内，从而提高了道路车辆密度，未来东海大桥的通行能力将有望提升至100%，并且可以减少交通事故和堵塞现象”[①]，这种试点为有效发挥桥梁承运能力、保护桥梁设施、延长桥梁寿命提供了新的思路。

在城市轨道交通治理场景中，传统轨道交通监控大多以机器监视、人工监看、视频存储、回放查看等方式运营，监控摄像头、监拍数据的智能化程度均有待提升。而智慧视觉应用系统为智慧地铁的打造奠定了坚实的基础，可以说，无论是智慧地铁的建设、维保还是运营都是无法与该系统割裂开来。智慧视觉应用系统与智能传播技术与模式的结合使用使得智慧化监管成为可能，由此能够实现车站客流量监测分析、大客流预警、楼扶梯处乘客行为安全分析、物品遗留检测以及车辆管理等功能。在城市交通治理过程中，随着智能化交通治理界面的打造，不同环节中也越来越需要市民积极参与，这是帮助智能化交通治理界面不断升级、优化的重要基础。

五、智能化交通治理界面的效果与问题

“智慧交通的建设不仅实现了交通运输的生产、管理以及服务方式不受时空的限制和约束，从而有效提高交通运输生产效率，而且还能够通过交通运输生产要素的整合来改变交通运输的需求和形式，实现交通运输资源在更大范围、更广领域的资源配置，促进交通运输结构的调整和转型发展”[②]。在桥梁养护管理领域，通过智能监测系统能够及时捕捉病毒源或异常，指导管养部门及时做好应对处理。

---

① 韩晓余:《全球首次5G+L4级智能驾驶示范运营在洋山港启动》(2019年11月11日)，央广网，http://www.cnr.cn/shanghai/tt/20191111/t20191111_524852966.shtml。

② 谢铭明:《浅论加强智慧交通建设的作用及其策略》,《工程技术》2016年第1期，第94页。

在不影响交通运行的情况下，实时监测交通流量和行驶车速，协助桥梁管养部门实现对超限车辆的管控，维护桥梁的安全运营。通过在实桥上布设的应力测点有效预测桥梁的损伤程度和寿命，有利于提高监测的工作效率，减少工作量。总的来说，智能技术使桥梁监测及运管走向高精化和智能化，能够更加精准高效地解决交通拥堵问题、保障交通安全、优化道路保养、降低设备运维成本。通过智慧地铁的数字化建设，上海地铁在安全质量、成本效益、能力效率、乘客服务水平等多维度均实现了显著的提升，对乘客出行、行车调度、设备维修等多方面产生深刻影响。

当然，在这一场景中，智能化交通治理界面的构建过程依然存在诸多问题。比如，智能技术与产品应用的社会安全性问题。因为交通在城市生活中扮演着基础性的角色，其智能化交通治理界面的打造会与市民产生直接关联，市民自身数据、隐私信息都需要在交通过程中得到应用，由此产生社会安全性的问题。智能交通高精度的实时监测控制系统在为用户提供便利的同时，也存在个人隐私泄露等诸多隐患，实时定位、轨迹追踪、视频监控、人脸识别技术等都将用户暴露在一个未知的风险中，这些高精度的信息若被恶意操纵将严重危害社会安全。同时，交通治理智能化程度的提升又需要以大量数据的积累与分析为基础，但目前智慧交通治理过程中存在数据精度不够的问题，“智慧交通体系的建设与大数据城市治理模式的开展对智能化信息采集的依赖性越来越强，但交通大数据采集的准确率仍不够高，可能会导致决策中存在一些偏差”[①]。此外，智慧交通是一个纷繁复杂的系统，涉及规划、建设、管理、运营等各个环节以及多个部门。但是，智慧城市建设在跨部门信息共享、跨系统应用集成等方面仍然面临“信

① 谢治菊、许文朔:《数据驱动、交通变革与智慧治理》,《云南大学学报（社会科学版）》2019年第15期，第5页。

息鸿沟”“数据孤岛”等诸多难题。

交通基建长久性与智慧技术快速更新换代之间的矛盾值得高度注意，交通基建的更新迭代难度大、耗资成本高，而智慧技术的发展又非常迅猛，因此如何实现智慧交通体系中的“硬件”“软件”协同发展、在交通网络建设中保持硬件设施对未来科技不确定性的适应能力，是一个重要挑战。同时，智慧交通系统要适应快速变化的社会环境，如消费需求、生活方式的变化等，构建智慧“韧性”交通同样刻不容缓。在这一过程中，智能化程度提升也会使就业保障方面的问题凸显出来，智慧交通的大力发展在一定程度上会导致传统交通产业部门就业机会的减少。例如，一站式智能化平台将诸多传统交通的线下业务转移到线上，通过互联网及算法实现，传统的售票员、收费员、交管员等工作岗位数量压缩。无人机物流和无人驾驶技术应用后，有相当一部分快递员和出租车司机面临失业的风险。ETC推广普及之后，大量的收费员失业。因此如何处理好智慧交通技术更新和就业保障之间的关系，是一个不可回避的问题。公平、包容是智慧城市的重要原则，但并非所有的人都具有享受智慧技术的能力，特别是老年人、进城务工人员等社会弱势群体由于无法支付智慧交通技术的学习成本而被其“排斥”，无法享受智慧交通服务，从而进一步加剧了“交通贫困”，因此智慧交通需要注意社会公平性的问题，注重“科技向下向善”理念的体现。

第四节　智能传播赋能交通枢纽：打造高效便捷网络

交通枢纽在我国交通体系中有着独特而重要的作用，上海市是我国重要的航空、铁路、航运等交通枢纽，而且在长三角一体化发展进程中，还有诸多区域化的交通枢纽也在规划、建设之中。交通枢纽治理需要遵循交通治理的基本要求，同样也要根据不同交通枢纽的个性化功能开展具体的治理工作。在上海市发布的人工智能示范应用场景中，与“智能传播驱动下的交通枢纽”相关的有两个，即第三批中的上海机场（集团）有限公司（大型枢纽机场运用智慧交通提升陆侧交通服务质量）、吴淞口投资（集团）有限公司（吴淞口国际邮轮港）。在此主要结合上海市智慧机场的建设对智能化交通枢纽治理界面的构建作出分析。

一、交通枢纽治理场景中的主要问题

交通枢纽是城市交通运输的大动脉，维持着城市的顺畅运转。作为一种或多种运输方式的交汇连通节点，城市中的各类交通枢纽同时办理旅客和货物的中转、发送和到达，往往承载着大流量的人员和货物。上海市是中国国际经济、金融、贸易、航运、科技创新中心，是海纳百川的国际大都会，以上海虹桥站、吴淞口国际邮轮港和上海浦东国际机场为代表的交通综合体，构成了上海复杂交通网络的重要节点。其中上海浦东国际机场作为综合交通枢纽，客运货运均有且交通线路复杂，因此本节选择上海浦东国际机场作为主要分析对象，并结合北京大兴国际机场的智慧化案例，共同探索智慧机场建设。

机场是一个极为复杂的城市治理场景。以客运为例，可分为国际、国内、出发和到达四条线路，按特点归纳后可再整合为两条线，一条线是国际国内出发，需要前往机场、办理值机、检验检查，最后登机出发，另一条线是国际国内到达，下飞机后检验检查、取行李，最后离开机场。通过梳理机场流程，该场景的治理内容便清晰可见。机场治理内容主要可分为陆侧交通与服务、旅客流程与服务两部分。第一，陆侧交通与服务主要集中在机场外，“机场功能的有效发挥取决于机场陆侧与空侧交通体系的协同效率，而陆侧交通往往会成为制约机场发展的瓶颈”[①]。因此，面对庞大的客流、车流和复杂的路面状况，协调机场陆侧交通与服务显得尤为重要；陆侧交通与服务的难点在于要做好旅客和车辆的分流，协调好旅客和车辆的集聚疏散，统筹多交通资源的配置调度。第二，旅客流程与服务主要集中在机场内，值机流程烦琐不便、机场太大方向难寻等问题往往困扰着旅客，因此旅客在机场内的方向指引、值机体验，以及在各类检查中的服务与体验，都需要被纳入治理范围。可以看出，在提高通行效率的同时，如何让旅客获得更为舒适的服务体验，将成为机场治理的关键点。

机场治理核心痛点问题集中在容量、服务、效率和安全等方面。随着空运方面市民出行、运输需求的不断增加，机场扩容成为很多城市、很多机场面临的迫切任务。同样，随着城市发展水平的不断提升，市民对机场出行体验的要求也在提高，如何提升服务质量成为机场建设过程中的核心内容。机场运营效率是其中的关键环节，需求的增长催动旅客、行李和货物处理流程的简化，机场迫切需要在节省成本的前提下，提高运营效率，以应对人员和货物增势。此外，在未来的机场运营与治理中，安全是不可忽视的核心问题。机场安全是城市安全的关键分支，而机场在解决安全和安保威胁的同时，也要减少对运营的干扰，避免给旅客带去欠佳的出行体验。

基于智能技术与产品的应用，智慧机场成为机场建设与治理的趋势，其治理目标可以从宏观和微观两个层面予以把握。宏观治理目标是打造卓越的全球智慧机场标杆，中国机场既要有高水平，也要有高追求；既要实现机场的数字化、智慧化，又要树立起标杆典范，走在世界前列。微观治理目标将宏观治理目标具体化，比如目

---

① 白同舟、李先、陈静、张颖达:《面向一体化规划的机场陆侧交通需求分析方法》,《城市交通》2020年第5期，第120页。

前诸多机场都在应用的智能化无感通关，让旅客做到无排队、零等待通关。

二、交通枢纽治理场景中的传统治理方式

传统的基于人工化的机场治理方式具有流程烦琐、进程缓慢等诸多为市民所诟病的问题。比如，市民从进入机场到飞机起飞的过程中，需要经过诸多烦琐的检查、证件核验、行李处理环节，而复杂的流程也导致登记耗时长，严重影响了市民的出行体验。烦琐的流程同时意味着低效，人工值机柜台前的长队恰恰能证明这一点。同样，各类人工检验检查流程也降低了通关效率，甚至会因此收到旅客投诉。市民也会在机场中面临诸多“难”题，比如找路难、找箱难、打车难等。

由此可以简要归纳机场传统治理理念的特点。第一，通行为上，忽视体验。对于机场而言，只要通行、通关流程顺利便足够，旅客的出行体验往往被忽视，无论是旅客长时间排队等候的心情，安检时的尴尬心理，还是找不到方向、领不到行李的焦躁情绪，都应该被重视。事实上，作为城市服务的重要组成部分，机场，特别是民航机场，应自觉提升服务水平，将提升旅客体验纳入机场治理环节。第二，人工治理，技术缓进。在值机、安检等流程中，传统治理思维都是由人工解决。诚然，人工能更好地应对特殊状况和突发状况，但对于大部分普通旅客而言，人工流程效率较低，且柜台工作人员存在工作繁重、服务态度一般的问题，造成旅客体验感降低。如果能够搭上数字化快车，以智能产品取代大部分人工操作，不仅能提升机场的处理速度，还能提升旅客的通行效率。传统治理方式已无法匹配新时代需求，传统治理理念已经落后于时代潮流，迫切需要智能产品为机场治理提供新解决思路，来优化治理场景与治理主体间的关系。

三、智能化交通枢纽治理界面的理念与形态

对标传统治理理念，一方面，在智能传播驱动下的交通枢纽的治理过程中，智能化交通枢纽治理界面的运用充分体现了“以人为本”“旅客为先”的治理之道，逐一击破痛点、难点、堵点问题，在注重提升旅客体验感、参与感的同时，也为机场治理带去福音；另一方面，智能化交通枢纽治理界面赋能智慧机场建设，能有效提升管理效率，保障服务水平，维持交通畅通。传统治理方式的“繁、慢、难”问题，被智能产品有效化解，为机场治理带来新气象。从决策管控，到服务引导，智能产品的渗透式布局添翼智慧机场建设。

在此以上海浦东国际机场为例，结合北京大兴国际机场的案例，分析智能化交通枢纽治理界面及其功能。上海浦东国际机场专门打造了“陆侧交通数据实时三维可视化融合运控平台”，这一平台作为浦东国际机场智能化治理界面的核心内容，能够与诸多子系统灵活配合，实现浦东国际机场陆侧交通协调与治理工作的智能化转型。“陆侧交通数据实时三维可视化融合运控平台”实现了治理场景的可视化操作，实现了机场陆侧交通管理与保障区域的三维场景可视化及场景漫游。通过将陆侧区域可视化、三维化，生动直观地展示了陆侧交通相关的公交站点、地铁站点、磁悬浮站点、停车场以及交通线路的情况。这一平台不仅能够实现各种工作流程、场景数据的可视化，还能够对各种来源、多种形态的数据做统一处理。基于对机场内部不同环节中各种指标的实时把控，为决策者、管理者、协调者提供最优化的参考。

上海浦东国际机场搭建了“出租车智能调配系统”，为市民有效连接市内交通与航空交通，体现了智慧机场建设过程中“以人为本”的基本理念，具有很强的实用性，能够解决长期以来同时困扰市民以及出租车司机的一个瓶颈问题。该系统能够基于对航空数据的分

析，智能化分析不同时间段、不同机场区域对出租车的动态需求量，在帮助出租车司机提高工作效率的同时，能够为市民提供更加便利的用车服务。上海浦东国际机场还搭建了“站点旅客排队智能统计与提示系统”“智能机器人停车系统”“智慧出行集成服务系统”等。“站点旅客排队智能统计与提示系统”能够通过视频采集的方式识别机场旅客数量，在经过智能分析之后通过可视化方式呈现给旅客，辅助旅客实时掌握机场内不同场景中的排队进程，进而作出自己更加有序、高效的安排。“智能机器人停车系统”能够帮助旅客优化停车、取车的效率。

四、智能化交通枢纽治理界面功能的实现

前文提到的容量、服务、效率和安全等方面的机场治理需求，通过智能化交通枢纽治理界面的构建均能够得到满足，并且在这一过程中实现了诸多新的功能。比如，针对容量需求的多元数据融合功能，“空地一体”数据协同“多部门、多类型”数据融合，消除信息孤岛，以三维化、可视化、直观化形态整合呈现，更有利于后期的指挥和调度，匹配机场容量增长。针对效率需求的智能分析决策功能，对汇集到的多种数据信息进行统筹分析，作出智能管控、智能决策、优化调度，大大提高机场处理效率。针对服务需求的智能出行服务功能，智能停车、智能排队、出租车智能调配解决了以往出行流程中的各类问题，便于旅客作出决策，提升旅客体验感和获得感，也优化交通运行压力。针对安全需求的安全保障功能，根据实时监测情况，及时研判、智能预警、快速处置，最大程度提高响应速度，降低安全风险。

机场智能化治理界面的构建与信息技术密切关联。比如，依靠平台的不断融合积累和自身能力完善，实现机场运营管理过程中的各项业务的智能化。在机场智能化治理界面的构建中，人脸识别、语义

理解、数字孪生、三维GIS等技术均发挥了重要的作用。比如，智能传播技术与模式融合身份比对、航显、人证合一等功能于一体，提高了安检精确性，机场将在未来全面推出的无纸化服务，也都基于人脸识别核验技术。智能语义技术的应用有助于大幅提升机场客服的智能化水平，“客服平台将具备语音识别、语言理解、语音合成、深度学习等能力，为旅客提供电话、APP等多渠道、智能化的问询服务。不但能够缓解座席人员压力，也能提升旅客体验感和满意度”①。数字孪生相比于上述的技术并没有那么热门，但它的名字很贴切、不抽象。数字孪生是指通过全方位建模，进行可视化展示，最终辅助优化业务流程，通俗来讲是指以数字化手段复制机场“双胞胎”，实现机场实体在虚拟空间的数字映射，完善云端操作。三维GIS技术让实时信息动态展示与沙盘化推演得以实现，为机场的协同调度工作绘就新蓝图，将地理信息与物联网、大数据等技术结合，打造数字孪生机场，能够实现对大数据的展示、分析，并用“一张图”全面支撑智慧机场可视化应用。

在智能化交通枢纽治理界面构建过程中，同时优化了交通枢纽与人和交通两个主体间的关系。智慧治理方案跨维度整合能提升旅客的服务体验，也能提升机场管理水平，为旅客方和机场方都提供便利，其特点主要体现在以下三个方面。第一，简化流程。通过全流程智能产品布局，实现旅客登机、离机流程的简化，使旅客享受便捷高效的科技智能服务。第二，优化体验。机场停车、打车难等问题被纳入治理范围，并以“一站式出行”为最终治理目标，真正做到人性化服务，切实增强旅客出行的获得感。第三，强化管理。智能化交通枢纽治理界面的出现有效帮助机场调度和管理人员做好决策，甚至能自行计算出解决方案，强力赋能机场统筹管理调度。

---

① 任杰、卓海晖、张玄弋:《数字化信息技术在智慧机场中的应用》,《机电信息》2020年第36期，第80页。

五、智能化交通枢纽治理界面的效果与问题

智能化交通枢纽治理界面建设已经取得了良好的综合成效，不仅大幅提升了治理效率，还降低了机场运营的成本，如基于停车大数据调整的停车库收费标准，大大降低了成本开支和人力资源需求，机场的经济效益提升。在“以人为本”的治理思路下，旅客通行流程大大简化，更具体验感，更能在服务中收获满足感和获得感。上海浦东国际机场通过其智慧化，积极对接城市形象管理需求，彰显城市品格，同时也为国内其他城市的机场，甚至亚洲机场提供了良好的治理范本。值得关注的是，在机场治理方案中，我们不难发现一些本土企业的身影，尤其是本土互联网企业。在这一场景的治理过程中，本土互联网企业的技术支撑为打造智慧交通枢纽贡献了中国力量。比如，“北京首都机场引入阿里云的‘ET航空大脑’，实现50秒内刷新1 700架次航班的停机位安排，最大程度提升飞机的中转效率。百度和国际航空公司合作，将百度的人脸识别技术应用于巨大旅客流量，提高通行效率”[①]，本土企业的积极参与为城市治理注入了科技力量。

当然，机场智能化治理界面的构建并非十全十美，在治理过程中也存在问题，可归纳为四点。第一，尝鲜式的产品布局。智能产品在交通枢纽中的运用并不算新鲜，但出现的形式多带有“引入”等试水性质，起辅助作用，距离完全替代传统治理方式仍有一段距离。智能化交通枢纽治理界面建设仍处于初级阶段，如何让非一线城市跟上一线城市治理脚步，使智能产品不局限于“城市限定”，而可为全国人民所共享，是亟待解决的问题。那么，超大城市的治理方案是否能直接为其他城市所用呢？超大城市的治理思路与大城市治理思路不同，上海、北京两地的机场智慧方案放到其他城市是否

① 汪睿:《全国“千万级”空港增至32座，智慧机场成BAT新“风口”》(2017年12月28日)，界面新闻，https://www.jiemian.com/article/1847335.html。

会“水土不服”？从这一点上看，城市治理仍要因地制宜。第二，智能化交通枢纽治理界面的人文关怀可进一步提升。对于老年群体等互联网边缘群体，他们如何在智慧环境中获得安全感？如何适应连接手机端的智能服务？除了优化产品功能本身，老年群体的信息教育也应该是城市治理中的重要课题。第三，信息安全隐患。数字化是一把双刃剑，让我们在享受出行便利的同时，也面临隐私泄露、信息遭盗用的隐忧。旅客的信息安全也囊括在出行安全中，对此相关的法律法规也应配套出台，避免不法分子从中获益。第四，重客轻货。航空货运在经济发展中发挥着重要作用，在一定程度上具有“晴雨表”的功能，“民航产业的发展还需要满足不断增长的货运业务。智慧机场助力客运发展时，也要肩负发展航空货运的使命，特别是那些定位以货运为先的机场，航空货运的智慧建设更要得到足够重视。因此务必要兼顾客运和货运，实现‘两条腿走路’”[①]。如今智能化交通枢纽治理界面已经从人们的设想逐步走进现实，正积极服务城市运转，但服务实效显著提升的同时，也存在着不少问题。无论未来技术怎样改变我们的生活，我们都需谨记，科技是服务于人的，这是我们面对无论怎样的城市治理难题时，都不应改变的思考维度和始终秉持的初心。

第五节　智能传播与司法共创未来：智慧司法护航公正

司法治理场景具有一定的特殊性。一方面，司法具有很高的专业性；另一方面，司法判定需要由法官综合考虑多种因素而作出，所以在应用智能传播技术与模式的过程中，需要在技术的“标准化”

① 常晓涛、李常亮：《关于建设机场智慧货运的一些想法》，《空运商务》2019年第4期，第22页。

与应用的复杂性之间作出有效平衡。在上海市发布的人工智能示范应用场景中，与“智能传播驱动下的司法”相关的是第二批中的上海市高级人民法院（市高院金融案件智慧诉讼）。在此将结合智慧法院建设的相关案例，对智能化司法治理界面的构建予以简要分析。

一、司法治理场景的问题及传统治理方式

在传统的执法过程中，执法模式以侦查为中心，从侦查经起诉再到审判，作为源头的侦查一旦成形，就将左右后续程序的走向，作为司法机关的检察院和法院通常只能承接侦查结论，很难作出颠覆性的改变，如果在这一过程中出现问题，还会存在产生错判、误判的风险。

公安机关的侦查是第一步，下一步是检察机关的审查把关。按照规定，若检察机关通过讯问被告人，发现证据不充分、公安机关的侦查活动存在不合法行为，应当退回公安机关建议重新侦查。由此可以看出在本场景的治理中面临的一些共性的问题。我国“案多人少”的问题比较普遍，尤其是基层法院，法院人力资源压力比较大，“据统计，每位法官平均两三天甚至是一天就要办结一个案件。除了办案，法院还要处理大量申诉、信访、综治等工作。专业人才供应不足，从业者工作量高度饱和，就可能导致一些案件不能在审限内及时审结，还可能造成案件质量瑕疵，进而影响到司法公信”[①]。“案多人少”是我国社会发展和司法体制所客观决定的，“案多”源于社会利益诉求的增加及公众维权意识的增强，“人少”源于法院内部法官编制有限、配置不协调等，对这些涉及宏观政策问题的解决将是个长期的过程。从短期来看，人虽然不能大幅增加，但可以应

① 许望桥：《基层法院“案多人少”问题凸显，政协委员提出改革建议》（2019年9月25日），搜狐，https://www.sohu.com/a/343382021_650472。

用科学技术来提高审判效率，先前造成案件积压很大程度上是因为办案效率低下，若能利用人工智能辅助办案人员，节省人力投入，将有效解决“案多人少”的痛点问题。

二、智能化司法治理界面应用的主要内容

人工智能的应用深度可分为弱人工智能和强人工智能，现阶段人工智能在司法领域的应用已经由文书、案卷自动生成等弱人工智能拓展到辅助立案、审判等强人工智能方面，基本已经覆盖了司法的全流程。“智慧法院建设是我国人工智能司法应用的主要领域，深度应用互联网、云计算、大数据，推进数据共享，构建智慧法院人工智能系统”[①]。司法服务是智能化司法治理界面建设中的重要内容，我国各级法院近年来均注重提升诉讼服务水平，除了建设专门化的诉讼服务场所之外，还注重充分利用网络化、信息化建设为市民提供多元化的服务方式。审判、执行都是本场景治理过程中的重要环节，审判是亟须应用智能化司法治理界面来辅助提升治理水平的一个环节，主要是因为司法审判过程中的判断不同于交通、社区场景中对简单车辆、行人信号进行的判断，需要综合多维度、通过深入思考才能作出，亟须充分借助智能传播技术与模式来辅助提升效率。

智能化司法治理界面的构建为解决本场景中的诸多问题创造了条件。比如“人工智能+区块链”融合司法应用已取得较大成效。此外，“人工智能+5G”的应用助力法院庭审高效便捷。5G使数据传输速度、虚拟助手性能、精细化网络庭审、终端设备优化升级等方面都得到提升，目前在线庭审成了智能司法应用的新现象，数量大幅增长。当然，在法院各项工作的日常运行中，也需要充分利用

① 和芫:《人工智能进法院：对科技应用于司法的思考》,《科技与法律》2018年第6期，第77页。

智能化司法治理界面提升管理效率。比如，最高人民法院通过建设审判信息资源库构建了专业化的大数据管理平台，“能够将案件数据与人事数据进行关联融合，且能对案件结合社会热点等进行分类专题研究，为及时预警提供技术支持；后者横向覆盖互联网、法院专网等五大网系，纵向贯穿数据管理、运维保障等五个层次，采用数据、图表等可视化方式进行横向与纵向的交叉数据比较，实时提供案件情况、质效指标情况等，智能管理日常工作”[①]。

三、智能化司法治理界面的问题与反思

智能化司法治理界面的运用给司法领域带来的效果从上文可见一斑，但这一场景依然存在诸多问题需要在智能化司法治理界面的构建过程中予以充分重视。比如，司法数据质量堪忧。如果说数量不足还能慢慢弥补，数据的质量问题将会给系统训练带来不可逆的伤害。再如，在算法时代，我们所期望的司法公正意味着裁判的过程是双方充分辩诉、法官严谨地引用法条进而得出结论的过程，而不仅仅给出一个似是而非的结论。如果我们一味追求智能化司法治理界面的应用，司法裁判就可能会被算法支配，法律决策的透明性遭受质疑，公平正义被“算法暗箱”绑架。

“法学界对人工智能的法律主体地位存在各种学说，‘肯定说’认为机器人或许会建立起自身文明路径，成为独立的法律主体；‘否定说’认为机器人归根结底只能被认为是人类的工具，‘折中说’则是为机器人创设一个特殊的法律地位，享有有限法律人格”[②]，尽管人工智能热潮一次次席卷而来，不断突破想象、冲击认知，但我们不能盲目追捧，尤其在司法领域更应保持审慎和理性。对于司法环节

① 王贺：《大数据战略背景下的智慧法院理想蓝图》，《信访与社会矛盾问题研究》2019年第3期，第70页。

② 刘昱麟：《人工智能的法律主体地位问题研究》，《法制博览》2020年第2期，第83页。

中的一些事务性、重复性工作，无疑应当交给人工智能来处理，发挥其超强的整合运算功能，提高司法效率。对于司法活动中的核心权力，如审判权，则必须由法官独立行使，而智能传播技术因其自身认知和思维上的缺陷决定了其只能处于从属地位。智能传播与司法的深度结合已是大势所趋，但由于涉及道德伦理等方面的问题，司法领域的人工智能只能是“人工+智能”，只有让“人工”和“智能”各归其位、各取所需、强强联合，才能为司法、为社会带来最大的价值，共同推进司法高效与司法正义。

第五章

智能传播驱动下的超大城市治理界面构建

通过三个层面多个具体场景的分析，可以发现在智能传播这一关键变量介入之后，超大城市治理的理念与方式均发生了明显变化。智能化治理界面在不同场景中已经得到了不同程度的构建，虽然不同应用场景中的智能化治理界面在形态与功能方面存在一定差异，但是其所体现的治理理念、智能化治理界面形成的逻辑与机制、智能传播技术以及模式和治理实践之间的关系均存在内在的一致性。基于智能化治理界面这一全新的“结合面”，各种场景中不同治理主体之间的边界、关系均处于调整甚至重构的过程之中。超大城市治理界面的界面形态、内部结构、环境、功能四个主要部分均具备了显著的智能化特征，各种治理资源与要素开始依据智能传播的逻辑得以整合、发挥作用，智能传播成为未来超大城市治理界面核心变量。本章基于前面章节对于不同层面与场景中超大城市智能化治理界面的解读，概括性地对智能传播驱动下超大城市治理界面形态、结构、功能等主要内容作出分析与解读，对智能化治理界面的构建与优化机制作出思考。

第一节　超大城市治理环境变化及智能化治理界面的构建

根据界面理论中环境、界面、内部结构、功能四个主要部分之间的相互关系，治理界面的调整与优化需要以环境的变化为基础。宏观地来看，超大城市智能化治理界面构建的环境驱动力主要来源于两个方面。第一，随着城市化进程的深入发展，特别是我国当前经济社会发展主要矛盾的变化，“人民城市”建设的理念得到多方认可与重视，需要对传统的超大城市治理理念与方式进行系统性反思与梳理。第二，智能传播的发展成为超大城市治理环境中的关键性新变量，成为改变城市治理工具、方式甚至理念的新兴驱动要素。在这两大环境要素的综合作用之下，超大城市治理界面的构建方式具备了动态化特征。一方面，人民城市构建的目标与智能传播的发展成为塑造超大城市治理界面的基础力量；另一方面，超大城市治理界面在构建过程中需要不断适应人民城市构建与智能传播发展的动态需求。也正是这两大环境要素的相互交织与共同作用，才使超大城市治理界面在呈现出越来越强智能化特征的同时，始终以人民城市建设作为核心内涵与目标指向，人民城市建设目标的彰显成为新时期超大城市治理界面内涵层面的主要内涵，而智能化程度的提升成为新时期超大城市治理界面功能与形态层面的主要特征。所以，对超大城市智能化治理界面的研究与把握不能仅仅从智能传播对超大城市治理的驱动作用入手，还需要综合把握人民城市发展与智能传播之间的相互促进关系及其对超大城市治理的影响。只有这样，才能对超大城市智能化治理界面形成更为全面、深入的把握。

一、人民城市发展与超大城市治理界面构建

根据国务院2014年印发的《关于调整城市规模划分标准的通知》，以城区常住人口数量为标准、超过1000万人口的为超大城市，我国目前符合这一标准的城市有北京、上海、重庆、广州、深圳、天津、成都。虽然城市规模划分以人口为依据，但“超大城市”的意义绝不仅止于人口庞大。中国的城市化进程在不断加快，而中国在世界格局中的地位也越发重要，二者是息息相关的。人口越多，其成分与结构就越复杂，一方面象征着其推动城市经济乃至国家经济发展的更多可能性，另一方面也体现出综合治理的巨大难度。

“人民城市从制度构建的高度，把城市发展的普遍理想与中国特色城市发展道路结合起来，是对中国特色社会主义城市作出的全新设计，为城市现代化建设赋予了中国特色社会主义的灵魂”[①]。在我国城市化发展进程中，城市人口规模不断发展是经济、社会发展的必然结果，而超大城市的治理便承担了城市治理领导与示范的表率责任，所以在超大城市治理过程中积极探讨如何更为科学、有效地体现和贯彻人民城市理念，成为当下我国城市化进程中具有急迫性的一项任务。

城市社会治理面临着由传统城市向现代化治理转型的迫切任务。传统城市是以政府为唯一主体的城市管理活动为特征的城市，治理手段主要为控制、命令、约束，偏重经济建设，反映出城市智能化程度低、公民建设参与度低等诸多问题。以上海为例，虽然上海的城市治理水平在全国处于前列，但近几年也仍然面临着公共服务能力不足、公众及非政府组织能动性不高、参与渠道不完善、智能数据整合不到位等问题。城市治理过程中存在的问题要求以人为本，让公众和非政府组织发挥更多的主观能动性，更广泛地参与城市社会建设，与政府合作，支持政府管理，形成综合共治的现代城市治理模式，追求城市的可持续发展。

人民城市理念是超大城市治理的核心理念与要求，为我国新时期城市化进程的发展指明了方向，提供了破解城市建设诸多问题与瓶颈的核心指标，“加快建设具有世界影响力的社会主义现代化国际大都市，努力打造人人都有人生出彩机会的城市、人人都能有序参与治理的城市、人人都能享有品质生活的城市、人人都能切实感受温度的城市、人人都能拥有归属认同的城市”[②]。人民城市理念，要求城市治理以人民为中心，着眼于满足人民的多样化需求。作为超大

① 刘士林:《人民城市：理论渊源和当代发展》,《南京社会科学》2020年第8期，第66页。

② 孙维维:《上海加速打造新时代人民城市，人本价值贯穿城市发展全过程》(2020年6月23日)，第一财经，https://www.yicai.com/news/100677939.html。

城市，城市规模更加庞大，居民需求与内部结构更加复杂，需要提升治理能力和效率，保障城市运行朝着更顺畅、更高效、更可持续的方向前进。面向人民城市建设是城市治理理念的重大变革，也是实现“以人民为中心”的具体体现，它要求根据公民的需求对整个治理过程进行重构，从官僚本位的行政转向公民本位的治理。

人民城市的发展已经成为当下及未来超大城市治理的基础环境，“人民城市从价值属性上强调城市的人民性，是以人民为中心的理念在城市维度的体现，是国家治理现代化在城市维度的实践，是中国之治在城市维度的表达”①，超大城市治理理念的提炼及方式的创新需要以人民城市发展为基础，立足于人民城市诸多维度的需要思考如何优化、创新超大城市治理界面。当然，在超大城市治理界面构建与创新过程中，也需要明确人民城市发展中存在的问题、误区，力求通过智能化界面的构建为解决这些问题创造条件。比如，“基层可能会以‘治理’之名行‘管理’之实，而管理的逻辑遭遇生活的逻辑之后，可能会出现过度治理，这不符合人民城市的价值关怀。反思并纠偏过度治理，需要站在人民城市的生活逻辑之上，将顶层设计与问计于民结合起来，形成以美好生活为目标、尊重多样性、强调人民参与的适度治理”②。可见，超大城市智能化治理界面与基础环境之间的互动具有多维度的特征，不仅要顺应人民城市发展的基本理念与要求，也需要发挥治理界面的能动性，在解决基础环境存在的问题的过程中发挥积极作用。

二、智能传播应用与超大城市治理界面构建

信息化、数字化、智能化是科技赋能城市治理的三个阶段，其

---

① 宋道雷:《人民城市理念及其治理策略》,《南京社会科学》2021年第6期，第78页。

② 何雪松、侯秋宇:《人民城市的价值关怀与治理的限度》,《南京社会科学》2021年第1期，第57页。

智慧化程度逐层递进，智能化治理是超大城市发展的必然要求。区别于信息化、数字化治理中对数据浅层的录入与应用，智能化治理强调在互联网、大数据及人工智能等技术的支持下，系统自动作出决策、优化流程，能动地满足人的需求。智慧城市理念的提出与发展体现了智能技术、智能传播模式与城市治理的深度融合，也说明了智能传播应用对城市治理的驱动作用得到了广泛的重视。所以，超大城市治理界面构建需要对智能传播应用这一环境作出积极回应。

第一，智能传播的发展能够打通智能传播时代与超大城市治理之间的关联，在智能化治理界面的构建中发挥基础性的驱动作用。“通过人工智能应用嵌入减少信息不对称，由政府从内部实现管理服务的数字化，进而推动政府外部实现资源配置智能化、社会协同便捷化和公众互动实时化，形成了一套智能治理的机制”①。智能传播时代的到来为提升城市治理的智能化水平提供了基础条件。传统的数字化、信息化城市治理比较侧重新的技术工具的应用，各种数字化、信息化技术工具在城市治理过程中更多地发挥传统治理工具的替代性作用，在治理过程中呈现一种静态化特征。智能化的城市治理需要智能技术在治理过程中创新模式，在动态发展中不断实现治理功能的创新。而智能传播的发展有利于打通智能传播技术与模式和诸多社会场景之间的深层联系，为不断优化超大城市智能化治理界面打下了基础。比如，“在大都市区治理实践中，通过建构技术治理权威、完善信息共享机制、推动治理智能化和实现资源的算法分配等技术路径，实现治理资源的均衡分配，从而促进大都市区善治的实现”②。在这一过程中有必要重视并深入把握智能传播这一基础环境对

① 本清松、彭小兵：《人工智能应用嵌入政府治理：实践、机制与风险架构——以杭州城市大脑为例》，《甘肃行政学院学报》2020年第3期，第29页。

② 张龙辉、肖克：《人工智能应用下的大都市区治理：技术逻辑与治理路径》，《重庆社会科学》2020年第8期，第30页。

治理界面的影响，以便更为高效地实现城市治理资源的分配、城市治理结构的调整。

第二，传播是以人为本、以人为中心的活动，智能传播的发展有助于通过“传播”联通智能化治理界面与人民城市发展之间的关系。“未来的精细化治理要实现技术取向、制度取向和人本取向的融合发展与有机调适，构建‘以人为中心’的城市治理观与温暖治理新形态，增强城市治理的精准、效能、人本和宜居，创造美好城市生活”①。在“以人为中心”的人民城市发展与智能传播驱动双重背景之下，如何将两个基础背景贯通起来成为超大城市治理界面构建过程中必须解决的问题。智能化治理界面是基于各种智能传播技术或产品搭建起来的，单纯从技术层面来看，这种新型治理界面是一种智能化的技术工具、平台，在治理过程中自身无法发挥倾向性或者侧重性。随着城市治理的转型升级，对于技术的应用要求不再是简单的堆砌，而是要挖掘其人本价值。而通过以人为本的传播活动便于把智能技术与人民城市发展连接起来，为能够体现人民城市发展理念的智能化城市治理界面的打造创造条件。“中国‘以人为本’的新型城市化建设提供了一条异于西方‘以资为本’的现代城市化道路，加快推进以人为本的新型城市化建设，既是对资本逻辑主导下城市空间发展局限性的反思，也是开掘新时代中国特色社会主义城市空间生存论意蕴的积极实践”②，由此在超大城市智能化治理界面的建构过程中，通过智能传播模式的创新能够充分发挥人工智能技术在人民城市的发展过程中的积极作用，有利于探索面向未来、具有鲜明本土化特征的智能化超大城市治理路径。

---

① 陈水生:《技术、制度与人本：城市精细化治理的取向及调适》,《山西大学学报（哲学社会科学版）》2021年第3期，第122页。

② 谢欣然:《从“资本逻辑”走向“人本逻辑”——当代城市空间生产的伦理演变及其中国实践》,《人文杂志》2021年第1期，第70页。

第二节　超大城市智能化治理界面功能的创新与实现

功能创新是超大城市智能化治理界面构建的目标指向，也是体现人民城市发展内涵、彰显智能化治理优势与特点的保证。超大城市治理的核心要求是以人民为本，最终目标是满足人民需求，建设人民宜居乐居、人民共治的现代化城市，在智能化治理界面的构建过程中，需要充分发挥信息技术、数字技术与各种智能化技术的作用，不断优化治理界面形态与功能，更好更优地促进政府与公众间的沟通以及政府的治理方式，满足公众的多样化需求。以上海市“15分钟社区生活圈”规划为例。《上海市城市总体规划（2017—2035）》提出“以15分钟社区生活圈作为上海社区公共资源配置和社会治理的基本单元，实现以家为中心的15分钟步行可达范围内，配备较为完善的养老、医疗、教育、商业、交通、文体等基本公共服务设施，形成安全、友好、舒适的社会基本生活平台”[①]，这已经将人民生活之中的诸多细节纳入了城市日常治理的范畴，基于人民生活中的现实需求规划、打造了诸多具有智能化特征的新功能，由此通过打造新型的治理界面营造更加宜居的城市环境。

智能化治理界面功能的规划、设计与探索需要将智能技术作用的发挥与人民城市治理的目标有机结合起来，体现了以人民生活场景中的需求为基础来发现所需的治理诉求或者功能，进而在构建或者优化治理界面的过程中实现这一方面的功能。比如，面对超大城市复杂的外部环境，城市治理需化被动为主动，运用多元智能化工具实现弹性管理功能，保障信息的实时获取与流通，由事后治理转

① 张一琪:《宜业、宜居、宜游、宜养、宜学——社区生活圈便利居民》(2022年3月21日)，中国政府网，https://www.gov.cn/xinwen/2022-03/21/content_5680145.htm?eqid=ade4854a000b461000000002645de7f7。

向事前预防，提高实时管理水平。以上海市“一网统管”为例。“在‘一网统管’防汛系统中，实时采集157个水位监测点和550个雨量监测点及26个气象采集点的数据信息，每逢汛期来临，泵车可以根据提前布置在事故易发路段，对气象预报和道路积水情况作出实时响应”①，“一网统管”多种实用功能的打造为市民提供了良好、稳定的新型治理界面，不但为城市治理提供了便利，而且正在逐步改变着不同主体的治理方式与习惯，这便体现了优质治理界面的功能与作用。

智能化超大城市治理界面功能的设计与打造需要深入结合不同治理场景的个性化需求，创造性地处理治理界面功能与技术应用之间的关系。比如，在城市应急与风险管控的治理场景中，在已有的治理探索中，有城市通过搭建智能化的“城市大脑”实现应急与风险管控功能的创新，由此可以针对存在的应急防控机制不健全和城市韧性不足等问题，基于城市大脑的技术优势，强化城市应对重大突发事件的反应速度、应对措施和调动能力，健全应对各类公共安全和突发事件的城市应急防控机制。在这一过程中，需要基于场景治理灵活运用针对性的智能技术、搭建功能框架。比如，搭建大数据、云计算的城市应急风险防控和反应平台，实现“全天候”“全覆盖”，从前期的风险预警、潜在风险捕捉，到中期的抢险人员调度、公共服务配置，再到后期的妥善安置受灾群众、开展灾后重建等应急管理各环节的主要目标和任务，结合数字信息技术进行编组和反应，提升问题解决效率。再如，大数据的高频、即时、多样等技术特征，能够将城市管理内容扩展到人口、安全、应急、群体性事件等传统数据分析难以涉及的层面，保障了对城市治理内容和治理体系的综合化改进，“构建三级管理体系结构，功能层注重智慧城市、

① 董志雯、韩庆：《上海这样建设智慧城市：每一单外卖都能助力“一网通办”“一网统管”》（2020年7月5日），人民网，http://sh.people.com.cn/n2/2020/0705/c134768-34134193.html。

社区服务等生活化和生产性功能；平台层实现管理主体间的信息联通联享和优质公共服务生产”[①]。当然，智能化界面功能的创新也需要与治理理念、模式的创新同步。比如，随着数据科学、计算机和信息网络技术日益增强，城市基层社会的治理主体有条件由事件和危机过后的治理型思维转向事前预防的管理型思维，可以通过建立日常的数据监测平台，实时了解社区治理过程中的客体情况，识别基层社会运行的时间和空间特点，实现“主动寻找问题”的治理手段事前化。此外，运用智能技术从危机的预防与应对两个维度，针对危机前的预警机制、监控指挥、分类管理、责任归属等，以及危机应对过程中的问题识别、决策方式、实施执行和评价反馈等环节，首先形成标准统一的应急技术规范，进而构建应急风险预警防控平台与应对系统，具有重要的工具创新意义。

超大城市智能化治理界面功能的创新与实现需要遵循一定的基本要求，需要将人民城市发展的理念纳入智能化治理界面功能的设计、打造过程，充分发挥前沿智能技术成果对城市治理新功能的支撑作用，加快城市治理从信息化到智能化的发展与进化进程。通过智能化治理界面功能的发挥来提升政府在城市运行管理和治理中的主体地位，“要搭建一体化的城市核心基础平台和智能化公共数据平台，最大限度消除‘数字鸿沟’的差异化影响，保障所有群体都能均等化获益，以防因既有学习能力、技术水平差异等造成群体或代际间的福利差异”[②]。由此，智能化城市治理界面功能的探索不仅是为了满足与解决不同场景中特定的治理需求与问题，更是为了从城市空间优化、软实力提升、公平正义等诸多层面实现进步，通过智能化治理界面功能的创新从多层面、多维度推进人民城市建设。

---

① 许峰、李志强:《大数据驱动下社区治理模式变革与路径建构》,《理论探讨》2019年第4期，第165页。

② 陆军:《城市大脑：城市管理创新的智慧工具》,《人民论坛·学术前沿》2021年第9期，第2页。

第三节　超大城市智能化治理界面内部结构的优化

内部结构是支撑超大城市智能化治理界面功能形成的基础，也是体现超大城市智能化治理界面复合性、综合性的核心所在。智能化城市治理界面的构建是在传播学、社会学、计算机等多元学科的共同支撑下达成的，其中不同于传统治理界面最显著的特点便是对计算机、人工智能等技术要素的重视甚至是依赖，“人工智能对城市治理的这些影响体现了技术嵌入治理过程、技术驱动治理变革和技术优化治理绩效的运行逻辑”[①]。由此，智能化城市治理界面与传统治理界面在构成层面的突出区别便在于内部结构层面，其内部结构具有突出的智能化特征，如何使各种智能技术得到优化是智能化城市治理界面构建过程中的关键问题。

一、智能传播技术是驱动智能化治理界面内部结构优化的重要基础

在国家治理现代化要求和居民生活需求不断提升的背景下，高效率、高质量的城市治理成为协调庞大复杂城市系统的重要手段。“近年来，大数据、人工智能等技术的产生与发展促使城市治理向数字化、智慧化演进，能快速发现与有效处理城市问题”[②]，智能化城市治理界面的构建在未来一段时期内将是提升国家与城市治理效能的关键举措。

在治理理念方面，智能化城市治理界面的构建体现了城市治理

---

① 陈水生:《技术驱动与治理变革：人工智能对城市治理的挑战及政府的回应策略》,《探索》2019年第6期，第34页。

② 郐艳丽:《城市智慧治理的发展现状与完善路径》,《国家治理》2021年第9期，第9页。

逐渐向服务理念转变，智能化城市治理的最初形态表现为对城市的数字化管理，对各类城市违法行为进行督查、对各类案件进行处置，旨在提升管理监察效率，实现管理覆盖范围的扩大。在这一过程中，治理界面内部结构的智能化程度不断提升，各种智能传播技术开始得到应用。城市治理与居民需求的不断磨合，促使治理界面的结构与功能发生转变，治理与服务的概念不断深化，智能化治理被赋予更多服务的内涵，演进成为新的治理模式。智慧服务成为新的建设重点，如上海搭建了"一网通办"平台，既为个人与房屋、车辆、居住证等相关的业务提供在线服务，同时也为企业法人的营业执照办理、用工、纳税、扶持补贴等事务提供服务。长三角地区诸多城市实现了跨区域的"一网通办"，"一网通办"功能的实现是以各种智能技术的运用、智能化结构的优化为基础的。

在治理技术方面，智能化城市治理界面的形态与结构不断创新，科学技术的发展与升级促使治理经历了数字信息化到智慧化的发展阶段，由此可以实现治理理念从问题式向预防式的转变。智能化城市治理依托移动通信、互联网、物联网、地理信息系统等技术，实现了城市治理的空间建构与网络建构，对城市进行精准把控。如，2004年北京市东城区成为国内首个开展数字化城市管理试点的地区，依托数字技术极大提升了对城市问题的处理能力，有力推动了城市网格化管理新模式的形成。"2005年深圳市成为全国首批数字化城市管理试点城市之一，利用单元网格管理法和城市部件管理法，对城市管理范围内的城市部件进行定位、编码、监控，并据此建立起各管理领域的数据库，进一步推进管理的精细化水平提升"[①]。智能化治理界面依托智能传播技术与产品实现了内在结构的升级与优化，进而能够实现综合整治和有效预判等新兴功能，在掌握信息的基础上

① 刘文清、廖齐梅、黄明钢、杜夏雨、秦斌:《深圳：数字化城市管理建设纪实》,《中国建设信息》2006年第24期，第25页。

提升了分析与预测的能力。近年来，智慧城市管理标准规范得到提升，精细化管理服务能力进一步优化。比如，2016年杭州市积极建设“城市大脑”，搭建政策研究分析平台，拓展城市精细化管理维度；2019年成都智慧治理中心建设了与城市环境、桥梁建设、道路管理、垃圾处理等方面密切相关的信息系统，节约了管理成本；上海、深圳等城市在物联网、大数据支撑下建设了城市运行中心，对城市的动态运行进行实时感知，并形成完整的数据管理环节；北京、长春等城市纷纷开发“城管通”类手机APP，通过微信公众号等平台实现市民与管理部门的有效互动。上述案例均体现了智能化城市治理界面在智能传播技术的驱动下实现了内部结构的变化，进而为实现新的治理功能创造了条件。

智能化城市治理界面基于智能传播技术实现内部结构优化的表现主要有两个方面。一是功能维度的扩张。表现为智能化城市治理界面涉及政府行政、城市治理和社会治理的多个领域，并呈现信息互联共享的趋势；城市智能化治理从设施管理的概念范围不断拓展，如上海市浦东新区城市运行综合管理中心，已覆盖包括城管、环保、公安、应急、急救、建设、市场管理、交通等多个部门的政务信息，所有的信息都在这一平台共享。二是空间维度的扩张。表现为智能化城市治理界面的覆盖范围由市辖区向基层扩张，全域智慧化治理的趋势正在形成，如浙江省德清县构建的“一图一端一中心”数字治理应用支撑体系“通过构建动态图掌控乡村实时情况，打造办事服务、本地生活服务和基层干部办公的服务端口”[①]。

二、智能传播产品是智能化治理界面内部结构的重要承载者

智能产品是社会治理功能的集成者，是智能化治理界面内部结

① 《以数字化平台推动乡村智慧治理》,《农民日报》2020年10月15日，第6版。

构的重要承载者。智能化城市治理界面构建的目标之一是在保证社会平稳运行的前提下，向社会提供个性化、精准的公共服务，让人民群众更具安全感、获得感和幸福感，“以智能化技术为驱动，旨在应用5G、云计算等新兴信息技术对社会诉求数据全生命周期的管理，实现由数据到信息再到知识的流动过程，经过微观层面的知识交换与整合，涌现出宏观意义上的群体智慧，辅助实现科学高效决策，并借助数据开放提高基础服务能力，由‘技术理性’弥补人类管理的‘有限理性’，是促进社会治理智慧化的基础和引擎”[①]。智能化方法是指技术变革赋予社会治理创新的手段，如智能计算、数据挖掘、用户画像等已成为建设智能化平台的重要动能，“其核心环节强调嵌入开放、协同、共享、动态等智能视角，感知、分析、解决社会治理的关键问题。智慧化产品应用指智能化技术和方法在社会治理中的集成表现，主要包含数字化平台和数字空间”[②]，智能传播产品能够有效整合技术、业务和数据的全链路系统，具有综合化、便捷化、自动化和高效化特征，是社会治理的“智慧中枢”。其中，网络平台、新媒体平台和移动应用等是当前智能化传播产品的重要表现形式，社会治理中较为典型的实践案例有郴州市苏仙区的“三e监督”微信公众号、武汉市“微邻里服务云平台”等。这些智能化平台不仅为广大群众参与监督提供了新型便捷路径，而且借助智能算法、算力提供精准精细服务，保障了社区居民服务和社区自治管理的效率。智能化平台在社会治理中的深度运用使整个社会形成以社会物理空间为基础，以智能要素为载体，由数字流动实现社会数据、信息纵向贯通、横向互联的虚拟数字空间。智能空间作为一个系统全面的智能化服务体系，能够动态选择与整合社会产生的智慧数据，

---

① 马捷、蒲泓宇、张云开:《基于关联数据的政府智慧服务框架与信息协同机制》,《情报理论与实践》2018年第11期，第20页。

② 吴江、邹柳馨、胡忠义:《大数据环境下电子商务学科的智能化转型和商务智能研究》,《图书情报知识》2020年第5期，第94页。

为用户提供智慧精准服务，最终通过激活智能价值赋能社会治理。当前的智慧社会、智慧政府、智慧城市建设均属于智能空间发展的主要形式。

智能传播产品是居民需求的集成者，随着技术能力的进步，智能传播驱动下的智能传播产品创新需要以人民需求为出发点，面向服务人民生活的目标实现智能化治理界面功能与形态的创新，“通过将关注点从人工智能产品扩展到其全生命周期的外围服务，横向、纵向延伸各产业链条，重构人、人工智能产品及信息、产业等相关要素之间的关系，为社会创造更广泛、更持续的价值”[①]。近年来迅速兴起与发展的服务机器人，便是整合各种智能技术实现治理界面内部结构创新的前沿代表，国际机器人联合会认为其“为人类或设备执行有用任务的机器人（可分为家用和商用两个方向）可以在居家、养老、商业、物流等多种场景进行应用，其功能与作用范围也各有不同”[②]。智能服务机器人能够智能化地感知人类特定的需求，在这一过程中通过智能化的感知、学习、决策能力识别其服务对象的个性化需求，并且能够对如何适应复杂的场景条件、提供更适合的服务作出判断。

第四节　超大城市智能化治理界面的优化

智能化治理界面在城市治理中的实践仍需磨合，治理功能与方式仍需优化。上海市诸多人工智能示范应用场景虽然推出了一批先进的智能传播技术与模式，体现了前沿化的治理理念与模式，但在

① 郑茂宽:《智能产品服务生态系统理论与方法研究》，上海交通大学2018年博士学位论文。

② VIRK G S, MOON S, GELIN R. *ISO Standards for Service Robots*. Advances in Mobile Robotics, 2008.

诸多场景中智能化治理界面的实际落地效果不佳。一方面，新型人民城市建设应强调共识共商共建共治共享，但目前公众与非政府组织参与城市建设的渠道仍不完善，态度不够积极，与“人民城市人民建”的理论愿景仍有距离；另一方面，政府新设立各种智能化治理界面，但各界面间存在职能范围不明晰、应用场景不够具体、功能不够完善等问题，有盲目堆砌技术为了应用而应用之嫌，忽略了智慧城市建设应坚持以人为本的需求导向。以上海市第十人民医院（以下称十院）为例。十院作为智能传播驱动下的医疗领域代表入选上海市首批人工智能示范应用场景名单，其推出的AI问诊预诊系统减轻了医院问诊台工作量，也为市民提供了很大便利。但在实际应用中，十院的线上平台功能及其落地工作仍存在较多问题。如平台虽配备了AI实景导航功能，可以在手机上为患者显示医院各楼层虚拟场景，引导患者前往目的诊室完成就诊流程。然而，该导航中目的诊室信息和诊室定位等数据都与实际情况存在较大误差，给患者就诊造成了很大困扰。目前，十院就诊系统已全面升级为电子就诊，患者只需在窗口扫描电子就诊码，即可在手机上完成各个就诊环节，但医院对工作人员使用该平台的培训仍不到位，医务人员不熟悉其线上平台操作，反而造成就诊流程的拖延。此外，在城区老龄化背景下，电子就诊的推广如何与老年患者的实际情况相适应，也是十院在数字化升级进程中应考虑的问题。

智能化治理界面应用的相关法治保障仍需完善。智能化治理界面的构建与运营是以各种智能技术与产品的应用为基础的，智能技术与产品的应用改变了城市治理多元主客体之间的关系，主客体关系的改变意味着在相应的城市治理场景中，智能化治理界面存在侵犯不同主体隐私等问题。整体来看，在当前的城市数字化、智能化转型建设中，我们在重视“科技支撑”时相对轻视了“法治保障”及二者的融合，比如对大数据技术的应用是智能化城市治理界面的重要内容，然而对数据应用各环节的监管、治理和法律保障目前仍处于不够完善的阶段，存在公共数据与个人信息的保护不到位，数据资源采集、存储、应用等流程的安全评估及保障系统不完善，对不良信息和网络犯罪的打击治理力度不足等诸多问题。为了能够为智能化城市治理界面的优化发展提供更为良好的环境，亟须完善相关的法律法规建设工作。

本章探讨了超大城市智能化治理界面的环境、功能、界面形态与内在结构等多方面的内容，以及不同内容之间的相互关系与作用，从中可以发现超大城市智能化治理界面是一个具有成长性的动态界面，需要在城市治理实践中根据人民城市发展的目标以及智能传播技术的进步不断优化治理界面，当然也需要从学理层面推进对城市治理界面的研究，从而为智能化城市界面的构建实践提供更科学的指导。比如，为更好地体现智慧城市治理中的治理界面建构，我国学者李文钊引入“双层嵌套治理界面框架”，该框架针对城市的数字化转型治理，将重心放在公民与决策者（及管理部门）两个方面[①]。面向公民的界面，强调在前端采集数据、倾听公民诉求、满足公民需要，在上海市“两张网”中对应“一网通办”；面向决策者的界面，则着眼于在后端整合数据、处理数据，让政府通过数据结果不断优化政府内部结构，并协同各部门共同解决城市治理面临的问题，对应着“一网统管”。政府部门成为支撑两个界面建构的内部结构，不断优化“条条政府”“块块政府”和“多层次政府”的内部流程和合作体系，是实现城市社会治理功能和目标的关键。

在全球信息技术发展的背景下，城市治理的数字化、智能化转型是大势所趋。在人民城市理念的引领下，以大数据与互联网等科学技术为手段，不断优化各个领域的智能治理界面、完善政府内部建构，满足着千万居民日益多样化与高质量的生活需求。无论是

① 李文钊:《双层嵌套治理界面建构：城市治理数字化转型的方向与路径》,《电子政务》2020年第7期，第32页。

“人民城市人民建”还是“人民城市为人民”，人民城市的最终目标是实现“人民城市人民爱”，在未来上海市仍须大力推进智能化建设进程，丰富智慧城市治理理念的建构体系与内涵，完善现存机制的缺位与空白，将指导理念逐层落实，惠及每一个基层民众，打造可向全国，甚至全球复制推广的智慧城市“上海样本”。

参考文献

专著

1. 何显明等:《城市治理创新的逻辑与路径》，中国社会科学出版社2015年版。
2. 陈辉:《城市治理的演进逻辑与善治路径》，南京大学出版社2019年版。
3. 郁建兴等:《“最多跑一次”改革：浙江经验　中国方案》，中国人民大学出版社2019年版。
4. 司汉武:《知识、技术与精细社会》，中国社会科学出版社2014年版。
5. 高奇琦:《人工智能：驯服赛维坦》，上海交通大学出版社2018年版。
6. 涂子沛、郑磊:《善数者成：大数据改变中国》，人民邮电出版社2019年版。
7. 杨学山:《智能原理》，电子工业出版社2018年版。
8. 张为志:《社会大脑：智慧共享体系的形成与演化》，浙江大学出版社2017年版。
9. 王印红:《数字治理与政府改革创新》，新华出版社2019年版。
10. 李征坤:《互联网+政务服务：开启智慧型政府新时代》，中国铁道出版社2017年版。

11. 俞可平:《治理与善治》，社会科学文献出版社2000年版。
12. 陶希东:《共建共享：论社会治理》，上海人民出版社2017年版。
13. 李枭:《多元主体参与下的我国城市社区协同治理研究》，经济科学出版社2018年版。
14. 徐勇:《思明提升：共同缔造中的基层治理现代化》，中国社会科学出版社2015年版。
15. 罗昕、支庭荣:《中国网络社会治理研究报告（2019）》，社会科学文献出版社2019年版。
16. 金东寒:《秩序的重构——人工智能与人类社会》，上海大学出版社2017年版。
17. 吕艳滨:《信息法治：政府治理新视角》，社会科学文献出版社2009年版。
18. [美] 简·芳汀:《构建虚拟政府：信息技术与制度创新》，邵国松译，中国人民大学出版社2010年版。
19. [美] 雷·库兹韦尔:《奇点临近》，李庆诚、董振华等译，机械工业出版社2011年版。
20. [美] 斯图尔特·罗素、彼得·诺威格:《人工智能——一种现代方法》，殷建平、祝恩等译，清华大学出版社2013年版。
21. [英] 阿里尔·扎拉奇、[美] 莫里斯·E. 斯图克:《算法的陷阱——超级平台、算法垄断与场景欺骗》，余潇译，中信出版集团2018年版。
22. [英] 弗里德利希·冯·哈耶克:《自由秩序原理》，邓正来译，生活·读书·新知三联书店1997年版。
23. [英] 尼克·波斯特洛姆:《超级智能——路线图、危险性与应对策略》，张体伟、张玉青译，中信出版社2015年版。

期刊

1. 李文钊:《界面理论范式：信息时代政府和治理变革的统一分析框架建构》,《行政论坛》2020年第3期。
2. 李文钊:《理解中国城市治理：一个界面治理理论的视角》,《中国行政管理》2019年第9期。
3. 李文钊:《当代中国治理与发展：基于界面治理框架的视角》,《教学与研究》2020年第7期。
4. 翟文康等:《界面重构：迈向超大城市有效治理的路径选择——以“接诉即办”的大兴经验为例》,《电子政务》2020年第6期。
5. 刘士林:《人民城市：理论渊源和当代发展》,《南京社会科学》2020年第8期。
6. 解学芳、雷文宣:《“智能+”时代的现代文化产业体系：挑战与重塑》,《深圳大学学报（人文社会科学版）》2021年第4期。
7. 曹海军、侯甜甜:《新时代背景下智慧社区建设：价值、逻辑与路径》,《广西社会科学》2021年第2期。
8. 和芫:《人工智能进法院：对科技应用于司法的思考》,《科技与法律》2018年第6期。
9. 贾秀飞、王芳:《复合场景与多维变革：技术嵌入城市治理的逻辑分析》,《求实》2021年第1期。
10. 李晴、刘海军:《智慧城市与城市治理现代化：从冲突到赋能》,《行政管理改革》2020年第4期。
11. 廖秉宜、姚金铭、余梦莎:《智能媒体的伦理风险与规制路径创新》,《中国编辑》2021年第2期。
12. 宋道雷:《人民城市理念及其治理策略》,《南京社会科学》2021年第6期。

后　记

本书为国家社科基金重点项目“智能信息传播与超大城市老年数字社会治理研究”（22AXW008）的阶段性成果，同时受到上海大学新闻传播学院青年教师激励计划“基于主流媒体系统性变革的超大城市老龄化社会治理路径研究”（BX2025JL002）的支持。

在上海大学新闻传播学院2021春季课程“智能媒体创新与设计”的课堂上，结合上海市人工智能示范应用场景的多个案例，智能传播系2019级的多位同学深度参与了本书多个章节内容的研讨，在此向汤玉芸、陈玥、何梦圆、胡琳琳、薛赟、徐云岚、孙牵夕、陈斯佳、陆玥瞳、刘亚鹏、王珊、李文英、沈若宇、陈嘉怡、方伊云、吴德洋、沈彤、陈嘉伟、江依玲、施佳韵、陆昀芸、梅语庭等各位同学表示衷心感谢。

本书出版过程中，得到复旦大学出版社多位师友的指导与帮助，在此特别向王联合编审、张鑫老师的帮助与辛勤付出表示感谢。

感谢在本书写作过程中所有给予过帮助的老师、朋友。限于个人水平和视野，本书定有诸多不妥之处，需要在后续的研究中予以深入和完善，也真诚地希望所有在这一领域有研究的朋友多多指正。

刘　峰

2025年春

图书在版编目(CIP)数据

智能传播驱动下的超大城市治理界面研究/刘峰著.
上海：复旦大学出版社,2025.8.--(智能媒体传播系列丛书).-- ISBN 978-7-309-18111-1

Ⅰ. C912.81-39

中国国家版本馆 CIP 数据核字第 2025JB1858 号

智能传播驱动下的超大城市治理界面研究
刘　峰　著
责任编辑/刘　月

复旦大学出版社有限公司出版发行
上海市国权路 579 号　邮编：200433
网址：fupnet@fudanpress.com　http://www.fudanpress.com
门市零售：86-21-65102580　团体订购：86-21-65104505
出版部电话：86-21-65642845
上海盛通时代印刷有限公司

开本 787 毫米×960 毫米　1/16　印张 13.5　字数 175 千字
2025 年 8 月第 1 版
2025 年 8 月第 1 版第 1 次印刷

ISBN 978-7-309-18111-1/C · 472
定价：78.00 元